直感と論理をつなぐ思考法
VISION DRIVEN

佐宗邦威
Saso Kunitake

ダイヤモンド社

はじめに
「単なる妄想」と「価値あるアイデア」のあいだ
――Between Vision and Strategy

「最近、『本当にやりたいこと』がわからなくなってきて……」

とある友人から、そんな相談を受けたことがある。

大手企業で新規事業のリーダーとして活躍する彼女は、チームにいてくれるだけで不思議とプロジェクトがうまく回る「天才的コミュニケーター」だ。新たに事業を立ち上げるようなときには、こういう人の存在が欠かせない。

そんな彼女がこぼしていたのが、「仕事はうまくいっているけれど、なんとなくモヤモヤする。でも、どこに不満があるのかもよくわからない」という悩みだった。

彼女の問題は「コミュニケーションがうますぎること」なのではないか――僕にはそう思えた。

周りの期待に応えて、他者ばかりに思考リソースを振り向けているうちに、彼女は「自分モード」への切り替えスイッチを見失ってしまったのだ。

「他人モード」にハイジャックされた脳

毎朝だいたい決まった時間に会社に出かけ、GoogleCalenderや手帳で次の予定をチェックしながら、会議やアポイントメントに臨む。それ以外の時間で、頼まれた書類を作成したり、経費精算の処理を済ませたりする。合間には、TwitterやInstagramを投稿したり、「いいね！」をチェックしたりする。そこで出てきた話題を友人と話す――。

これらはいずれも、人から受け取った情報に反応する「他人モード」の行動だ。

ふつうに生きていると、僕たちの脳はずっと「他人モード」になっており、「自分がどう感じるか」よりも、「どうすれば他人が満足するか」ばかりを考えている。

膨大な業務に忙殺されている人、部下のマネジメント責任がある人、顧客の対応に追われる人、家事・育児・介護を抱える人……大きなネットワークのなかで生きる僕らの日々は、「他人モード」で占められている。何気ないソーシャルメディアの投稿をするときですら、「どうすればフォロワーたちを喜ばせ、『いいね！』を押してもらえるか」をつい考えている。

逆に、日常のなかで、「自分モード」と呼べる時間は、かなり少ないのではないかと思う。「自分モード」のスイッチを切ったまま日々を過ごしていると、僕たちは「何がしたいのか」を思い出せなくなる。「君はどう思う？」と意見を求められても、そもそも「自分がどう思うのか」すら、よくわからなくなる。

そういう人からは何か新しいことを発想したり、粘り強く考えたりする力が失われる。それだけならまだいいが、何かにワクワクしたり感動したり幸せを感じたりする力も、だんだん鈍っていく。

こうなると、なかなか厄介だ。

「他人モード」に由来する停滞感は、ネット時代に生きる僕たちの「生活習慣病」と言ってもいいだろう。このモヤモヤ感に心当たりがある人は、決して少なくないはずだ。

人も組織も「これがやりたい！」があると強い

じつは、ビジネスや企業経営でも、同じことが起きている。安定して業績をあげている企業でも、売上・利益、株主、マーケット、競合他社など、「外部」ばかりを見ているうちに、「自分たちの原点」＝「そもそも何がしたかったのか」を見失ってしまうのだ。すると、その組織からは不思議とエネルギーが失われ、それが数年後には経営状況にも響いてくるようになる。

逆に、圧倒的な結果を出し続けている会社やチームの陰には、「これがやりたい！」という強い想いを持った人たちがいる。彼らを動かしているのは、「論理的に導き出された戦略」や「データ分析に基づいたマーケティング」などではない。

むしろ、その原動力になっているのは、根拠があるとは言えない「直感」、得体の知れない「妄想」……要するに、いわゆる「ビジョン」の素になっているものなのだ。

僕が以前にいたソニーでも、うまくいく新規プロジェクトには、ある種の「直感」からスタートしている「ビジョナリー」な個人の存在がいつもあった。周りからは「妄想」と言われても仕方のないような斬新なアイデアに向かって、夢中でもがいている人たちの姿を目にしながら、僕はずっと「そんな人・組織の力になりたい！」という思いを持っていた。

そこで立ち上げたのが、戦略デザインファーム「BIOTOPE《ビオトープ》」だ。「戦略」×「デザイン」は、一見矛盾した組み合わせに思われるかもしれないが、「戦略」＝「理想とする状態を定義し、現状とのギャップを埋めるための道筋を見つけること」、「デザイン」＝「いまだ存在しない概念（道）を具体化していく手法」とするなら、両者の組み合わせは意外と相性がいい。

個人・組織が持つ「妄想」を掘り起こし、それを「ビジョン」に落とし込み、その「具現化」までをお手伝いするのが僕たちの仕事だ。創業わずか3年の若い会社だが、各業界の優秀な「妄想家」の方たちとともに、すでに100件以上のイノベーション支援に関わらせていただいている。

「『妄想』を駆動力にできる人・組織は、やはり強い――」

時代感覚にすぐれた人たちは、その事実にもう気づきはじめている。

創業300年の老舗企業・山本山、文具メーカーのぺんてる、NHKエデュケーショナル、クックパッド、NTTドコモ、東急電鉄、日本サッカー協会をはじめ、名だたる企業・団体のみなさんが、僕たちのところに相談に来てくれている。

これ以外にも、メーカー系企業をはじめとして、マスコミや商社、ＩＴ、宇宙、スポーツ、エンターテイメント、バイオなど、クライアント先の業界も、じつにバラエティ豊かだ。

また最近は、アートスクールからＭＢＡコースまで、いくつかの大学で教壇に立つ機会もいただいている。社会人向けの講座がほとんどだが、そこで教えているのも、個人の「直感」や「妄想」からスタートし、具体的なプランへと発想を磨き上げていくための方法論だ。

あえて論理・戦略からはじめない

「それはただの個人的な妄想だ。まず論拠やエビデンスを示せ」
「独りよがりの直感だけでは、ビジネスの世界は生き残れない」
「論理に裏打ちされた戦略があってこそ、成功にたどりつける」

これがかつてのビジネスの常識だった。

僕自身、大学卒業後に入社したＰ＆Ｇでは、その「常識」を徹底的に叩き込まれたし、詳細なリサーチに基づくマーケティングの威力については、身をもって体感したつもりだ。

何より僕自身が、もともと「左脳型」の人間なので、こうした世界には馴染みがある。

しかし、いまや、こうした「他人モードの戦略」は、いたるところで機能不全を起こしつつある。データやロジックに基づいて、攻略すべきマーケットを事前に絞り込み、そこに資本を集中投下していくという旧来の考え方では、なかなかうまくいかない。

そしてその背後では、「根拠の見えない直感」や「得体の知れない妄想」を見事に手なずけた人・企業たちが、マーケットに強烈なインパクトを与え、周囲からの尊敬を集めている。

彼らは、途方もない「妄想」をまず提示し、それを駆動力としながら、ヒト・モノ・カネを呼び込んで世の中を動かしている。

このパラダイムシフトの牽引役は、シリコンバレーなどで活躍するイノベーターたちだろう。

「2035年までに人類を火星に移住可能にする」（イーロン・マスク／スペースX）

「もしすべてのウェブサイトをダウンロードできて、そのリンク先を記録しておけたら、どうなるだろう？」（ラリー・ペイジ／グーグル創業者）

「質の高い教育を、無償で世界に提供するには？」（サルマン・カーン／カーンアカデミー創業者）

肝心なのは、これらの「妄想」が、「戦略」や「市場ニーズ」に先行していることだ。

戦略論の大家である経営学者ヘンリー・ミンツバーグは、現場を離れてトップダウンで立案される戦略のあり方を厳しく批判し、以前から「戦略は実践のなかで創発される」と主張してきた。まさにいま、ビジネスの世界では、こうした「創発的戦略（Emergent Strategy）」が求められている。

おそらく、イーロン・マスクに「なぜ人類を火星に移住させたいのか？」と聞いても、それらしい答えは得られないだろう。彼は、利益目的でプロジェクトを立ち上げたわけではないだろうし、人類を救うことすら彼の目的ではないかもしれない。

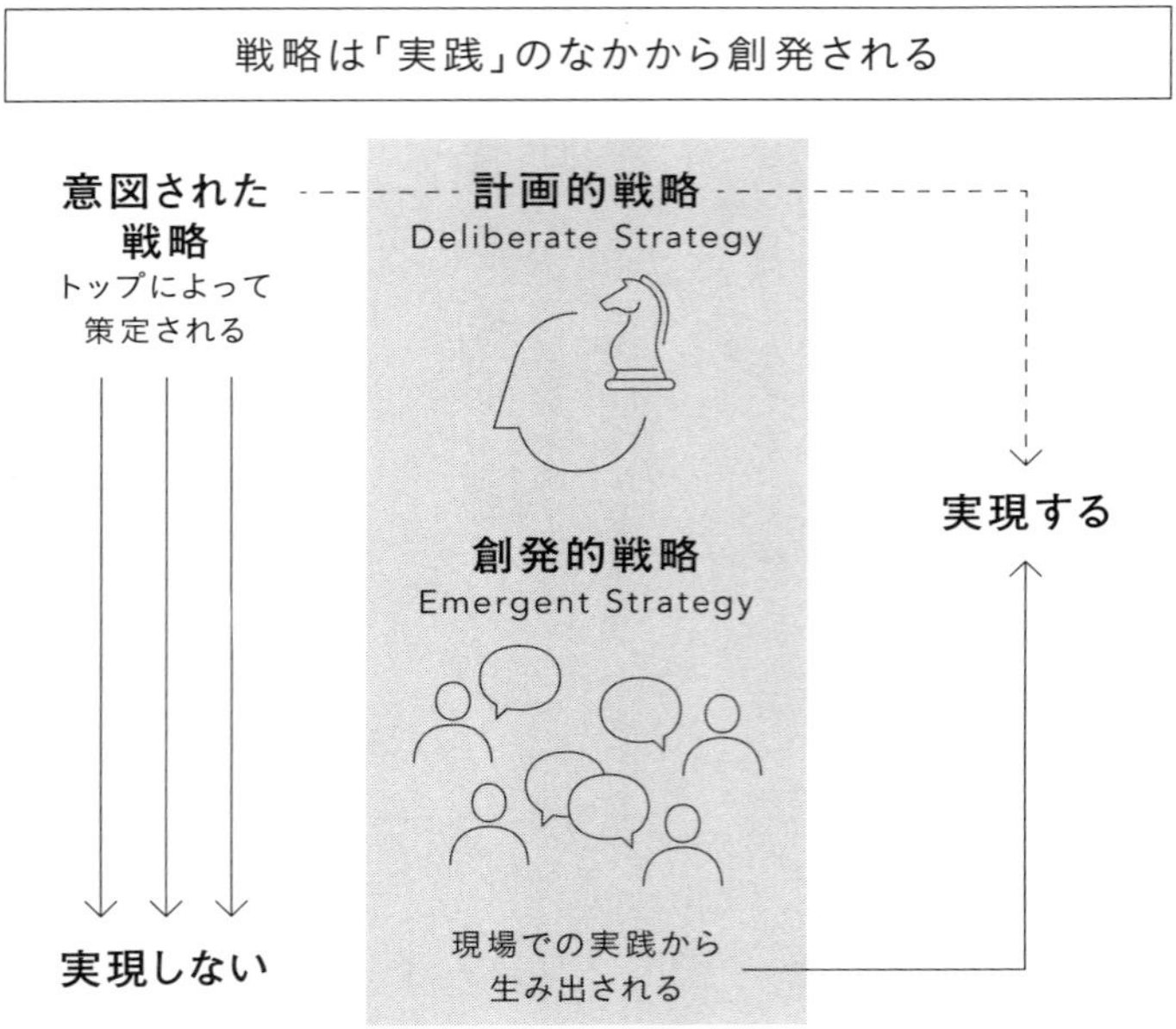

図：ミンツバーグの「創発的戦略」とは？

ただの直感・妄想で終わらない

彼らは「論理」や「戦略」からははじめない。

彼らを突き動かすのは「直感」だ。自分が描く未来に対する、狂信的とも言える「妄想」だ。

ふつうの人なら「そうは言っても……」と諦めてしまうところで、彼らは「自分モード」のアクセルを踏みっぱなしにして走り続ける。

それにしても、なぜ彼らは、「論理」を離れたところからスタートしながら、最終的に、目の前の現実を動かすことができているのだろうか？

単なる「空想家」で終わる人と、現実世界にもインパクトを与える「ビジョナリーな人」とのあいだには、どんな違いがあるのだろうか？

それが本書の主題——「直感と論理をつなぐ思考法」だ。

いくら内発的な「妄想」からスタートしても、思考を「単なる妄想」のままに留め置いていては、それは「無」に等しい。

自分の妄想を解き放ったあとには、それを具体的な「かたち」へと落とし込み、周囲の人を納得させていくステップが不可欠だ。

「直感から思考をはじめる」とは、「ただの妄想で終わる」ということではない。

ビジョナリーな人たちは、途方もないビジョンを駆動力にしながらも、同時に「直感」を「論理」につなぎ、「妄想」を「戦略」に落とし込むことを忘れていないのである。


本書では、このような思考のモードを「ビジョン思考（Vision Thinking）」と呼んでいる。

すべては「余白のデザイン」しだい

他方、「直感から思考をはじめる」と聞くと、身がまえる人も多いだろう。僕も以前は「論理の世界に引きこもっている人」の一人だったから、その気持ちはよくわかる。

かつての僕には、「ブレストを1時間やって、なんとかひねり出せたアイデアが2〜3個」などという時期もあった。ある程度のキャリアを積んでからも、「発想」とか「ひらめき」の世界というのは、「〝センスのいい人〟だけが立ち入れる場所」なのだという思いがどこかにあった。

しかし、安心してほしい。本書が語る「ビジョン思考＝直感と論理をつなぐ思考法」は、一部の人だけに実践できるブラックボックスなどではないからだ。

少し具体的にイメージしていただくために、ここで、ビジョン思考の「コツ」の1つを先回りしてお伝えしてみよう。そのエッセンスは「余白をつくる」ということだ。

冒頭のエピソードに戻るなら、例の友人に対して、僕がしたのは「2つの助言」だ。

①いますぐ1冊のノートを買うこと（A6・無地のモレスキンノートがおすすめ）
②いますぐカレンダーに、毎朝15分、ノートを書くためだけの予定を入れること

それから1カ月後、彼女の表情は目に見えて明るくなっていた。もともとスマートだったその友人の頭はいっそうクリアになり、職場では以前にも増して活躍しているという。

「手書き」「1カ月続ける」「人に見せない」などの注意事項は伝えたものの、僕がアドバイスしたのは、「余白をどうデザインするか」だけだ。肝心の「何を書くか」については、ほとんど何も伝えていない。それでも彼女は「直感と論理をつなぐ思考法」を自ら体得し、しだいに「自分モード」を取り戻していった。

これが「余白」の力だ――。彼女に伝えたのは「モーニング・ジャーナリング」（詳しくは111ページ）という方法だが、本書では、僕が100近いプロジェクトのなかで培ってきた独自の思考法を、このような「余白づくり」のメソッドに落とし込んである。

正直なところ、「こんな簡単なことで？」と驚かれるものもあると思うが、従来型のロジカル・シンキングや戦略思考にはない、じわっと根っこから効いてくる「人生の漢方薬」的な効用を実感いただけることと思う。

それでは早速、本論に入っていくとしよう。
まずは、「ビジョン思考がこれまでの思考法とどう違うのか？」をお伝えしていくことにしたい。
次ページのようなイラストの世界を舞台にして、思いっきりわかりやすく書いたので、楽しみながらお読みください。

佐宗《さそう》 邦威《くにたけ》

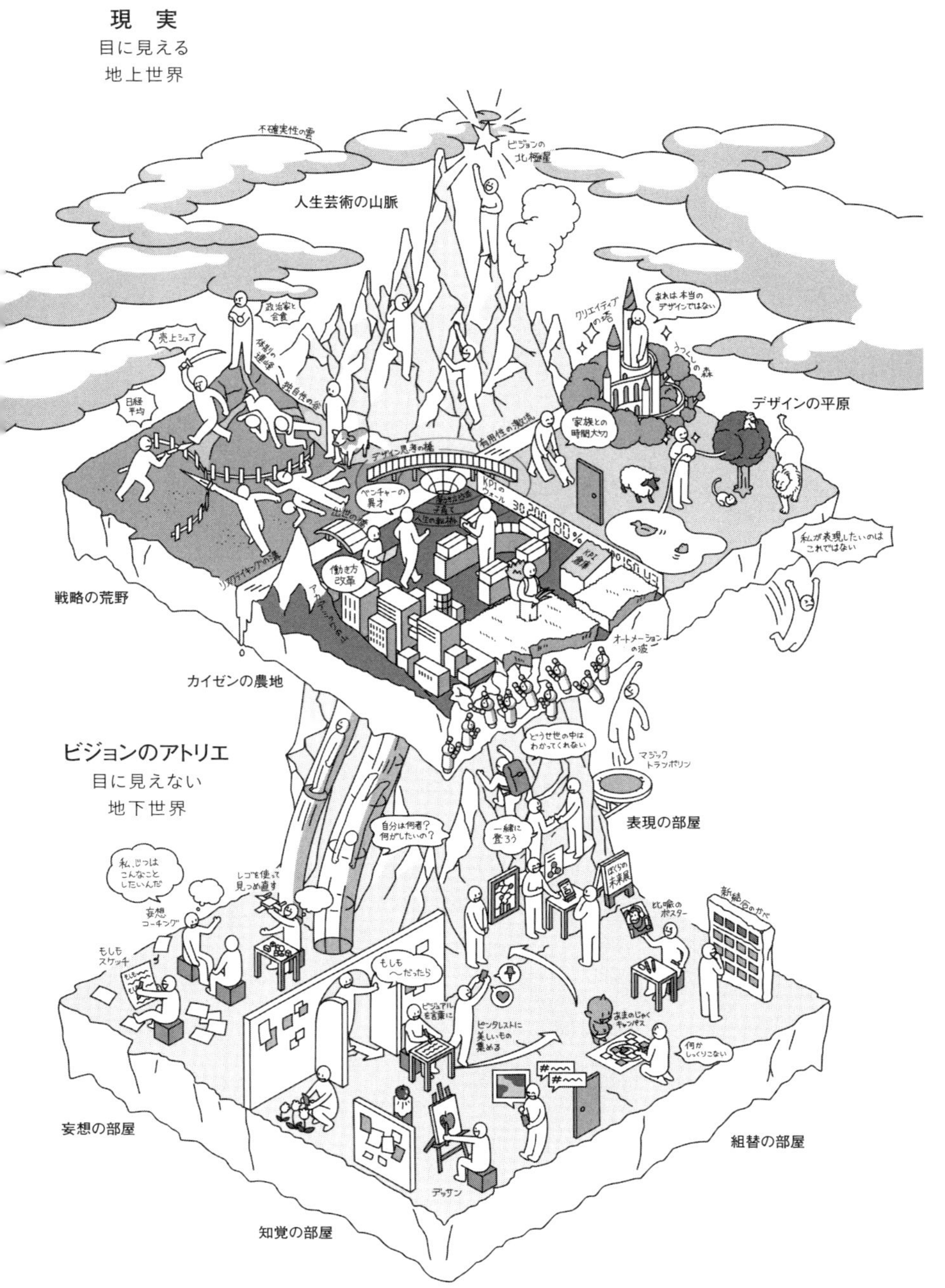
現　実
目に見える
地上世界
不確実性の雲
ビジョンの北極星
人生芸術の山脈
政治家と会食
売上シェア
日経平均
独自性の谷
クリエイティブの塔
あれは本当のデザインではない
うつくしの森
デザインの平原
家族との時間大切
有用性の激流
デザイン思考の橋
ベンチャーの異才
KPIのウォール
人生の転機
出世の階段
働き方改革
私が表現したいのはこれではない
戦略の荒野
オートメーションの波
カイゼンの農地
どうせ世の中はわかってくれない
マジックトランポリン
ビジョンのアトリエ
目に見えない
地下世界
自分は何者？何がしたいの？
一緒に登ろう
表現の部屋
私、じつはこんなことしたいんだ
レゴを使って見つめ直す
妄想コーチング
もしもスケッチ
ぼくらの未来展
比喩のポスター
新結合のかべ
もしも〜だったら
ビジュアルを言葉に
ピンタレストに美しいもの集める
あまのじゃくキャンパス
何かしっくりこない
妄想の部屋
組替の部屋
デッサン
知覚の部屋

はじめに
「単なる妄想」と「価値あるアイデア」のあいだ……001
—Between Vision and Strategy
「他人モード」にハイジャックされた脳／人も組織も「これがやりたい！」があると強い／あえて論理・戦略からはじめない／ただの直感・妄想で終わらない／すべては「余白のデザイン」しだい

序章
「直感と論理」をめぐる世界の地図
——Wander to Wonder
ＰＤＣＡが支配する「カイゼンの農地」……025
「カイゼンの民」に迫りくる自動化とＶＵＣＡの脅威……028
「論理」を手に領土拡大を目指す「戦略の荒野」……032
どれだけ戦っても得られないもの……034

目的の難民たちの新天地「デザインの平原」…… 038
デザイン思考の3つのシンプルな本質…… 042
「有用性」から解放された「人生芸術の山脈」…… 051
4つの思考サイクルの違い…… 056

第1章 最も人間らしく考える ——Think Humanly

変わるための〝まわり道〟——トランジション理論…… 062
穴に落ちること。すべてはそこから…… 065
人が「自分らしい思考」を喪失する4つの原因…… 072
ビジョン思考を身につける2つの条件…… 076
「余白づくり」がすべての起点になる…… 077
現代人はむしろ「右脳」を育てやすい…… 082
「頭」で考えていては淘汰される。「手」で考えるには?…… 084

第2章 すべては「妄想」からはじまる
——Drive Your Vision

本当に価値あるものは「絵空事」からしか生まれない……092
根拠なき大風呂敷を嫌う「前年比至上主義」——イシューとビジョン……095
「実現しようがない目標」はナンセンスなのか？……097
「10％成長」よりも「10倍成長」を考える——ムーンショット……099
ビジョン・ドリブン化する組織マネジメント……103
CLUE 「紙×手書き」が基本……108
CLUE 「感情アウトプット」を練習する
——モーニング・ジャーナリング……111
CLUE 「何もしない時間」をスケジュール予約する……114
CLUE 質問もまた「余白」である——妄想クエスチョン……116
CLUE 思考の「錨」を下ろす——偏愛コラージュ……120
CLUE 「考える→手が動く」を〝逆転〟する

——ひみつ道具プロトタイプ……123
CLUE 創造の「テンション」を引き出す——魔法の問いかけ……127

第3章 世界を複雑なまま「知覚」せよ

——Input As It Is

「シンプルでわかりやすい世界」の何が問題なのか……136
知覚力を磨くには？——頭を「タコツボ化」させない方法……139
「手さぐり上手」が生き残る——センス・メイキング理論……140
センス・メイキングの3プロセス……143
言語モードをオフにして、ありのままによく見る——①感知……145
CLUE 「ペットボトルスケッチ」でモードの切り替わりを体感……149
CLUE 言語脳を遮断する「逆さまスケッチ」……151
CLUE 1日をイメージ脳で過ごす「カラーハント」……152
「箇条書き」ではなく、「絵」にして考える——②解釈……154

CLUE 妄想を1枚の絵にする「ビジョン・スケッチ」……157
CLUE 「1単語・1イラスト」の視覚化トレーニング……160
2つのモードを往復し、「意味」をつくる——③意味づけ……161
CLUE モード切り替え力を高める「クラウドハント」……164
CLUE 知覚力を磨く「ムードボード」……166

第4章 凡庸さを克服する「組替」の技法——Jump Over Yourself

最初は「つまらない妄想」からはじめたほうがいい……172
いいね!に安住しない「ひと手間」が差を生む……174
De-Sign＝概念を壊してつくり直すこと……176
「箇条書き」はアイデアを固定してしまう——分解のステップ①……178
CLUE 「組替力」を飛躍的に高める「可動式メモ術」……181
違和感に正直になる——分解のステップ②……185

CLUE 「ツッコミ」のアンテナを鍛える「違和感ジャーナル」…… 186
「あたりまえ」を裏返す――分解のステップ③…… 187
CLUE あまのじゃくキャンバス…… 188
発想に「ゆらぎ」を与えるアナロジー思考――再構築のステップ①…… 191
「アナロジー的な認知」を促す3つのチェックポイント――再構築のステップ②…… 196
CLUE アナロジー式「アイデア・スケッチ」…… 201
「制限」があるほうがまとまる――再構築のステップ③…… 203
CLUE 一気にアイデアをまとめ上げる「セルフ無茶ぶり」の諸技法…… 206

第5章 「表現」しなきゃ思考じゃない！

――Output First

「私の仕事は『表現』じゃない」それは本当ですか？…… 212
イタレーション（反復）が「手で考える」のカギ…… 215
早めの失敗は儲けもの――「鳥の目」と「虫の目」…… 218

「速さ」こそが「質」を高める……220
「手で考える」を邪魔するもの——表現の余白づくり①……224
CLUE ビジョン・アートの作品展示会……229
意見をもらうための「伝わりやすさ」——表現の余白づくり②……231
CLUE 記憶力と創造性が高まる「ビジュアルメモ」……234
CLUE 「類推」を促す「ビジョン・ポスター」……238
「人を動かす表現」には「ストーリー」がある——表現の余白づくり③……242
CLUE 人の心を力強く動かす「英雄の旅」フレーム……244

終章 「妄想」が世界を変える？

——Truth, Beauty, and Goodness

改めて問う、なぜ「自分モード」からはじめるのか？……252
アーティストの成長に見る「妄想を具体化する技術」の磨き方……257
妄想を「社会の文脈」から問い直してみる——真・善・美……259

おわりに
夢が無形資産を動かす時代……265
——Business, Education, and Life

序　章

「直感と論理」をめぐる世界の地図

Wander to Wonder

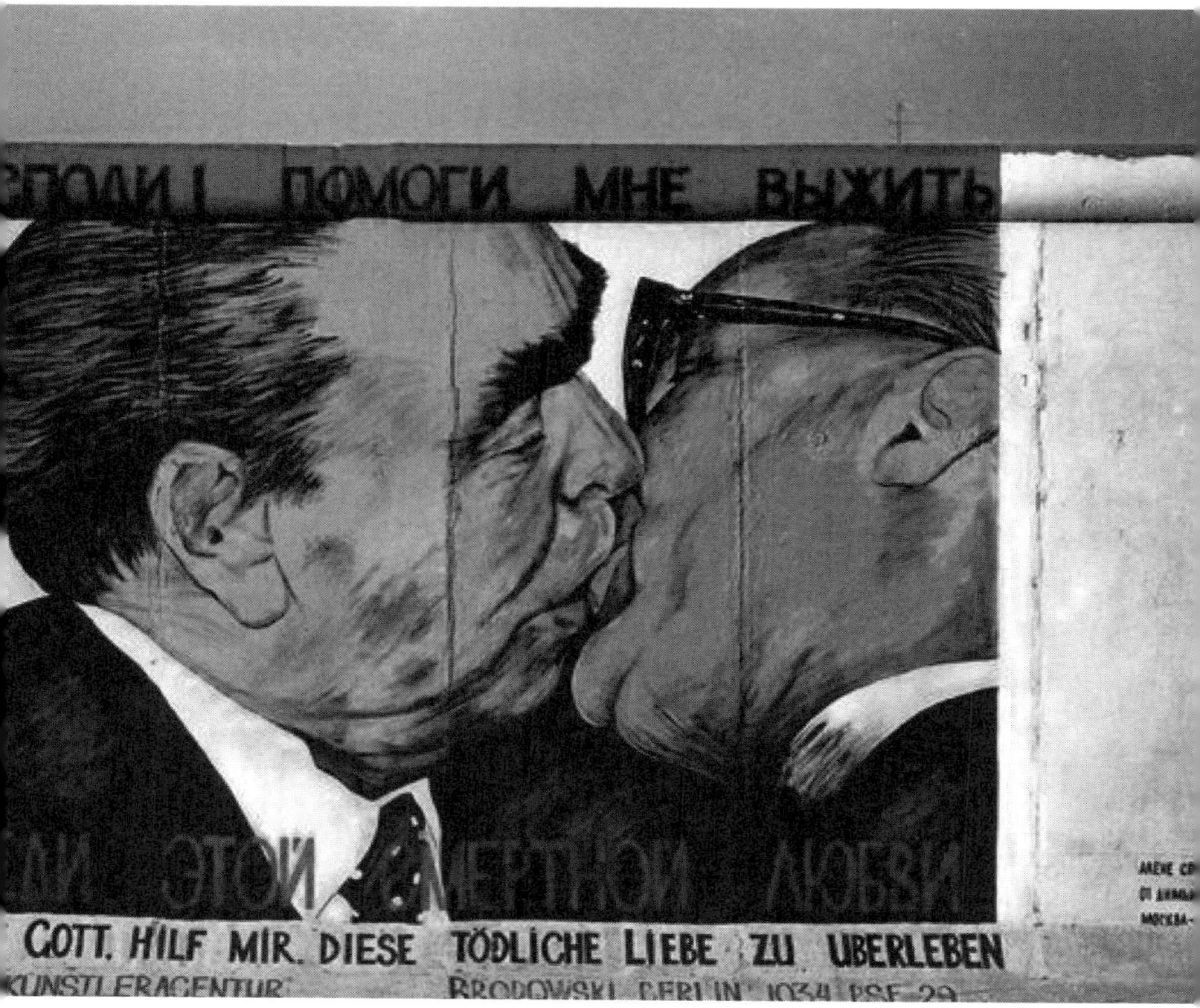

「神よ、この死に至る愛の中で我を生き延びさせ給え」（ドミトリー・ヴルーベリ）――東西を分断したベルリンの壁の跡地に描かれたストリートアート。旧東ドイツの国家評議会議長エーリッヒ・ホーネッカーと旧ソ連の書記長レオニード・ブレジネフがキスする様子を描いた。風刺アートの力が世界の「分断」を溶かしていく。

内発的な「直感」や「妄想」からスタートし、それを駆動力にしながら、具体的なアイデアを磨き上げるには、何をすればいいのか？——それが僕たちの目下の関心事だ。

そのためにはまず、この「直感と論理をつなぐ思考法（＝ビジョン思考）」の特性を、それ以外のタイプの考え方と対比しながら見ていくのが、いちばんの近道になるだろう。こうすることで、この独自の思考法の「輪郭」や「境界線」がはっきりするからだ。

あらかじめ伝えておくと、これまでの思考の領域では、大きく３つのタイプが存在していた。ビジョン思考は、そのどれとも異なる「第４の思考」だ。

①カイゼン思考
②戦略思考
③デザイン思考
④ビジョン思考

この章では、思考をめぐる架空の世界をメタファーとして用いながら、ビジョン思考の全体像をお伝えしていくことにしよう。

PDCAが支配する「カイゼンの農地」

いまでこそ、戦略デザインやイノベーション支援などに関わる仕事をしているものの、僕は「クリエイティブ」とは対極の世界で育ってきた人間だ。「はじめに」でも触れたとおり、もともと僕は極端な「左脳型」だったのだ。

開成高校や東大法学部の同級生を振り返ってみると、一定の前提の下で答えを出したり、物事を解決したりするのが得意なタイプが周囲にも多かったように思う。僕自身、ルールが決まっているゲームやパズル、決まった正解があるクイズなどは、決して嫌いではない（そんなに得意でもないが……）。

10〜20代だった当時、僕はわりと素朴に「世の中のたいていのことには『正解』がある」と信じていた。また、世の中には実際、そういう「正解」があっただろう。一見、難しく思えることでも、しっかりと「勉強」を積み重ねていけば、いつか「答え」が見つかる――それが僕の基本的な世界観だった。

このような積み上げ型の考え方が優位な世界を、僕は「カイゼンの農地」と呼んでいる。下のイラストを見てほしい。

この世界の何よりもの特徴は、「誰かが規定したゴールを基準に、すべてが動いている」ということだ。受験勉強であれば偏差値や大学のランク、就職活動で言えば会社の規模や初任給、ビジネスなら市場シェアとか新規顧客の獲得数、あるいは、上司からの人事評価など……。なぜそれらを高めることが正しいのかは不問に付したまま、みんなが同じＫＰＩ（重要業績評価指標）を「絶対善」と見なしている空間だ。

実際、サラリーマンとして企業で働く人は、多かれ少なかれ、会社に与えられたＫＰＩを前提に動いているはずだし、大学研究者などのいわゆる「象牙の塔」型の社会でも、ベースにあるのは「同業者」との競争関係だったりするだろう。

図0-1：第Ⅰの世界「カイゼンの農地」

この世界で勝者になるために必要なのは、ただ1つ、生産性を高めることだ。人に与えられている時間は等しい。持てる能力や資源にも大した差はない。だとすれば、その範囲のなかで、いかに「収穫量」を増やすかが勝敗を分ける。要するに、「単位時間あたりのアウトプットを増やすこと＝効率化」がすべてなのだ。

そのための方法論として登場したのが計画→実行→評価→改善（Plan-Do-Check-Action）から成るPDCAサイクル、いわゆる「カイゼン」だ。たとえば、受験勉強における最も手堅い対策は、「過去問トレーニング」である。過去の出題パターンをできるだけたくさん脳内に蓄積しておき、正解を導き出すまでの時間を最小化する。間違えたところはしっかり復習して、次回以降、同じ失敗をしないための材料として生かす。こうした「カイゼン」のサイクルこそが、より高いスコアを獲得するうえでは欠かせない。

ビジネスの世界で「働き方改革のおかげで生産性がアップした！」「彼は〝できる人〟だね」「彼女は本当に仕事が速くて優秀だ」などと言われるときも、根本にある理屈はこれと大差ない。仕事のスピードを速めたり、やるべき仕事の範囲を絞ったりすることで効率を高め、単位時間あたりの達成度をアップさせることが大前提になっているからだ。

PDCAサイクルを何度も回すことで、その世界の細かなルールを熟知し、パフォーマンスという農作物の刈り取りに熟練していくことこそが、この「カイゼンの農地」の基本倫理になっている。

「カイゼンの民」に迫りくる自動化とVUCAの脅威

いまや、この「カイゼンの農地」の住人は、かつてないほどの危機にさらされつつある。その背景にあるのが「オートメーションの波」と「VUCA《ブーカ》の霧」だ。

AI（人工知能）やロボティクスによるオートメーション（自動化）が持つ脅威については、たくさんの有識者がすでに強調しているので、ここで僕がわざわざ書くまでもないだろう。PDCAに基づく学習が有効な領域、ある程度の手順が決まっていて自動化が可能な分野は、今後、ロボットや人工知能による代替が進んでいく。

もう1つの危機が、世の中の見通しがつきづらくなったということだ。これまでは過去の成功・失敗に基づいて未来を予測し、意思決定をしていくことが求められていた。しかし、いまや確実にわかっているのは、「確実にわかる未来などほとんど存在しない」ということくらいだ。世界の経済人が集まるダボス会議（世界経済フォーラム）では、このような世界を指して「ＶＵＣＡワールド[1]」という言葉が聞かれるようになった。これは、Volatility（変動）、Uncertainty（不確実）、Complexity（複雑）、Ambiguity（曖昧）の頭文字をつなぎ合わせた造語である。いま、「カイゼンの農地」は、先が見通せないほどの「霧」に覆われつつある。

ここをもともと支配していた世界観は、ＶＵＣＡワールドのそれとは真逆だと言っていい。「毎年、これくらいの収穫高がある。農地を1割増やせば、取れ高も1割増えるだろう」「昨年度の入試では、こうした出題傾向があった。同じ分野の対策をしておこう」「市場が年率10％で成長している。来年度の予算はこれくらいにしよう」――このようなシンプルな予測のなかで、人々は生きてきた。

もはやそれが通用しなくなってきているのは、ここの住人が怠惰だからではない。むしろ、彼らはとてつもなく勤勉なのだ。しかし、過去のデータの調査研究や分析、それに基づいた対策や戦略では追いつき得ないほど、世界の変動が激しく、不確実で複雑で曖昧になってしまったことのほうに原因がある。

「正解がない時代になった」というお決まりのフレーズは、もはや陳腐な響きを持ちつつあるほど随所で叫ばれているが、これは正解が「見つからなくなった」だけではなく、文字どおり「存在しなくなった」ということを意味している。「いかに答えを探すか」ではなく、「そもそも答えなどない」という前提で動くことが、大半の人・組織に求められるようになったわけだ。むしろ、勤勉であることは足かせにすらなりかねない。

そしていま、前述の2つの脅威が前景化するなかで、いよいよこの「カイゼンの農地」のリスクは高まっている。それでも、この場所から多くの人が出ていこうとしないのはなぜだろうか？

その背景にあるのが、この大地に内在するある種の「罠」だ。

先ほどのイラストでも見て取れるように、この大地の端にはＫＰＩの数字を表示する大きな電光掲示板が設置されており、つねに「成功・失敗」が明確にされている。じつはその周囲にはほかの世界が広がっているにもかかわらず、人々は「この農地でＫＰＩを高めることだけ」に縛られ、ここから外に出ていくことが考えられなくなっているのだ。

僕のところに相談に来る企業の多くも、この点に頭を抱えている。

「新しい商品・サービスを生み出そうとする雰囲気が、職場のなかにない……」
「ゴーサインが出るのは、最大公約数的に社内合意が取れる無難な企画ばかり……」
「ルールに従うのが得意な人材ばかりが育ち、前提そのものを壊す思考ができない……」

僕はこのようなメタファーを使って、特定の人たちを批判するつもりは一切ない。「カイゼンの農地」に住む人々というのは、個々の人ではなく、誰もが部分的に持っている「属性」を擬人化したものに過ぎないからだ。冒頭で述べたとおり、僕自身のメンタリティも、整然としたルールのなかで一定の見通しを持って〝こなす〟タイプの仕事には合致するところが大きい。また、起業家としての膨大な実務を抱えながら、家庭では子育てに追われる日々を過ごしていると、ついそうしたルーティンに陥っていることも少なくない。僕も（そしておそらくは、読者のみなさんも）、部分的には「カイゼンの農地」の住人なのだ。

人がストレスを感じるのは、自分ではコントロールできない状況に立たされ続けたときだ。その意味で、できるだけ予測や見通しが立ちやすい世界に身を置こうとするのは、僕たちの本能だと言ってもいいだろう。しかし、この「農地」には前述の「波」と「霧」が迫っている。そうしたなかでは、むしろ、何もしないまま受け身でいるほうが、「コントロールできない状況」に直面しやすいし、結果としてストレスの度合いも高くなる。

目の前にはうず高くタスクが積まれており、上司や部下やクライアントも、あなたの仕事を待っている。家に帰れば、子どもはもちろん、パートナーや両親、そして、自分自身のこともケアしなければならない。やるべきことは無数にあるし、手を動かし続けている。それでもどこかでモヤモヤがあるのは、僕たちの心のどこかに、「果たして、農地でこんな収穫作業ばかりをしていていいのだろうか……」という思いが芽生えつつあるからなのだ。

「論理」を手に領土拡大を目指す「戦略の荒野」

こうした危機感を背景にして、自ら動いて食糧を得ようとする人々が出てくる。ＰＤＣＡやリスク管理に守られた「農地」を抜け出し、一定のリスクを取りながら狩猟・採集や陣地取りに明け暮れる——それが２つめの世界である「戦略の荒野」だ。

「カイゼンの農地」には明確なルールが存在し、一定の人たちがその内部で競争を繰り広げていた。それに対し、「戦略の荒野」での基準はたった１つ、勝利によって得られるパワーだ。この大地のプレーヤーたちは、より大きな売上・利益を獲得したり、時にはルールそのものを変えたりすることで、市場の支配力（パワー）を高めようとしている。そして、その勝敗を左右する武器こそが「戦略思考」である。また、それを下敷きにして展開される問題解決やマーケティングである。

これらについて専門的に解説した書籍は、無数と言っていいほどあるので、ここでは深入りしないことにしよう。専門家からのお叱りを覚悟であえて乱暴にまとめれば、戦略思考の本質は「自分たちが勝てる目標を設定し、資源を集中配分すること」[2]にある。正しい目標を設定するためには、現状を分析して、「モレやダブりがないように」課題を切り分けるのが効果的だ。これを端的に表した課題分析のフレームワークが、マッキンゼーの社内用語として生まれたMECE《ミーシー》（モレなくダブりなく：Mutually Exclusive, Collectivelly Exhaustive）だろう。

陣地取り合戦をする「戦略の荒野」では、ライバルに負けない強靭な体力を身につける以上に、正面からの衝突を回避して、彼らが見落としている領域をいち早く手中に収める戦略が欠かせない。そのときに有効なのが、起きている問題の原因などをある程度、網羅

図0-2: 第2の世界「戦略の荒野」

的に列挙して、機会の「見落とし」を防ぎ、自分が勝てる目標を設定することである。戦略思考の教科書に登場するフレームワークやロジックツリーなどは、そのための手順をわかりやすくメソッド化したものだ。

この「荒野」のなかで競争相手たちにまだ気づかれていない分野はないか、ライバルたちをうまく出し抜いて領土を奪う道はないか、そのための「目標」を絞り込みながら、資本投下の「選択と集中」を行う。

一方、この「戦略の荒野」の大前提となるモチベーションは、「一番になりたい」「お金持ちになりたい」「モテたい」「負けたくない」などの妄想によって、意外と非論理的に決定されている。妄想と論理のうごめく世界である。

どれだけ戦っても得られないもの

僕が東大法学部を卒業して最初に入社したP&Gは、まさにこの「戦略の荒野」を生き抜いてきた外資系企業だった。この会社でマーケティング分析やブランド戦略の部署に配属された僕は、論理とデータに基づいたビジネスの基本を叩き込まれた。P&Gは、市場動向や販売実績に関する調査データを膨大に蓄積しており、それらをあらゆる意思決定のためのエビデンスとして活用するという点で徹底していたのである。

同社での僕は、布用消臭剤の「ファブリーズ」「レノア」などのヒット商品のマーケティングを手がける機会をいただいたほか、髭剃りの「ジレット」のブランドマネジャーも経験した。そこでもつねに求められていたのは、データ重視の戦略づくりだ。

商品の売上をユーザー数、使用頻度、家族内の使用人数、アイテム数などに分解し、今後の課題や見落としている機会を特定する。そうやって仮説をつくったら、あとはそこに予算をつぎ込んでマーケティングプランを実行に移し、効果を検証する。その繰り返しだ。

こうしたデータ・ドリブンのマーケティングは、滅多なことがない限り、大きな失敗をしない。勘や思いつきに頼った場合と比べれば、はるかに「打率」はいいはずで、安定してビジネスを伸ばしていけるというメリットがある。

他方で、弊害がないわけではない。最も典型的なデメリットは「データ病」だ。数字やデータに基づいた意思決定を繰り返すうちに、明確なエビデンスなしには何も決められない風土が蔓延する。

こうなると、新しいチャレンジが生まれなくなり、既存ビジネスをどう伸ばすかだけに発想がているのだ。また、スピードに欠けるところがあるため、あまりデータを重視していない競合他社に、市場の新たな兆しをことごとく先に捉えられてしまうこともよくある。

とはいえ、職場にはそうした風土に対する明確な問題意識も存在していた。当時のP&Gには、いまや「ユニバーサル・スタジオ・ジャパン」の再建などでも有名な森岡毅さん、「アリエール」や「ジョイ」を手がけた現・吉野家の執行役員の伊東正明さん、現・日本コカ・コーラの副社長の和佐高志さん、前・資生堂の最高マーケティング責任者（CMO）である音部大輔さんなど、マーケティング界のスーパースターがひしめいていた。いまでは一部で「P&Gマフィア」などという呼び名もあるほどだ。

当時、歴戦の強者である先輩方とこれからのマーケティングのあり方を議論し、多くを学ばせていただくなかで、先輩の一人が語ったこんな言葉がいまでもはっきりと印象に残っている。

「いいか、佐宗くん。たしかに、P&Gのマーケティングが市場のゲームに勝てているのは、データに基づいて徹底的に考え抜いているからだ。ただし、そのP&Gでさえ、利益の8割方は『新しいゲームそのものをつくったひと握りのマーケター』に負っているんだ。戦略思考やフレームワークといったものは、ゲームの残り2割を補うためのツールにすぎない。絶対にそのことは忘れちゃいけないよ」

「新しいゲームをつくる」というのは、シェアが落ち続けているブランドを立て直したり、新たなブランドを立ち上げて成功したりすることを意味する。既存のルールのままでは勝てないとき、まだ市場には存在しない新たなルールを設定することで、ゲームそのものを変えてしまい、これまでとは「別の勝ち方」をする――そんなマーケターこそが貴重だと言うのだ。

データと論理による意思決定が徹底された企業で育った先輩たちが、「『ゲームをつくれるマーケター』をどう育てるか」という問題意識を持っていたことには驚くほかない。「戦略の荒野」で圧倒的に勝とうとしたら、教科書的な戦略思考だけでは、どうしても達成できない局面があるのだ。そんなゲームをつくれるマーケターがいるとすれば、それは、この世界の外部で育った「外来種」なのではないかと僕はぼんやりと考えていた。

他方、この「荒野」における弊害として、もう1つ忘れてはいけないものがある。シンプルに言えば、個人が「疲弊」してしまうことだ。結果がすべてだとされるこの大地では、自分があげた成果が「職位」「年収」「転職」などのキャリアアップにかなりわかりやすく反映される。

夢中になって駆け回っているあいだは何も問題ないのだが、このゲームには「終わり」がない。高みに行けば行くほど、並外れた思考力を持っている人、強靭なバイタリティを持つ人、経済団体や政治などの圧倒的な既得権益に守られている人ばかりが目に入ってくるし、下からは「嫉妬」の矢が飛んでくるようになる。

そのため、多くの人は道半ばにして疲弊し、「山」を降りることを迫られることになる。「荒野」でシェアの奪い／奪われ合いそれ自体には、ゲームのような楽しさがある。しかし、大きなプレッシャーやストレスを感じながら、それを一生繰り返したいと思える人は、ごくひと握りしかいない。要するに、こうした競争状態には「持続可能性」がないのである。

目的の難民たちの新天地「デザインの平原」

P&Gを辞めた当時はここまではっきりと言語化できなかったが、僕もまたこのゲームに限界を感じ、あるとき、この「山」を降りることにした。

「戦略の荒野」で戦い続けてきた人たちの多くは、どこかのタイミングでこの場所に限界を感じるようになるらしい。何のために戦っているのかがわからない「目的の難民」状態である。ずっとここで競争を続けていく人生が、果たして魅力的なのか……？　かといって、かつての「農地」

におとなしく帰るには、あまりにもいろいろなことを知りすぎてしまった……。結局、僕たちは「戦略」と「カイゼン」とのあいだを揺れ動きながら、ちょうどバランスが取れそうな場所を探すほかないのだろうか……？

そうしたなかで、人々がふと目を向けると、「戦略の荒野」から一本の橋が伸びているではないか。その先に広がっている新たな大地こそが、「デザインの平原」である。

「戦略」に明け暮れる日々に疲れていた僕にとって、何よりもの朗報は「デザイン思考（Design Thinking）」という橋のおかげで、「論理の大陸」から「創造の大陸」への道が開けたことだった。

僕がこの大地の存在を知るきっかけになったのは、論理一辺倒の世界から抜け出し、感性を生かすことの重要性を説いたダニエル・ピンクの『ハイ・コンセプト――「新しいこと」を考え出す人の時代』（三笠書房）だった。より有名な本としてはトム・ケリーらの『発想する会社！――世界最高のデザイン・

図0-3: 第3の世界「デザインの平原」

ファームＩＤＥＯに学ぶイノベーションの技法』（早川書房）もあるだろう。世界最高のデザインファームＩＤＥＯ《アイディオ》の創業者であるデビッド・ケリーは、スタンフォード大学のカリキュラム内容なども踏まえて、デザイン思考のフレームワークを提唱した。

こうして「何やら経営・ビジネスとデザインとのあいだに、橋渡しがなされつつあるらしい」ということは、世の中にだんだん認知されるようになった。

「目的の難民」になりかけた僕が選んだのも、この道だった。僕はＰ＆Ｇを退職したあと、いくつかのキャリアを経て、ソニーという会社に身を置くことになった。卒業する直前には、クリエイティブセンターという部署で、新規事業創出を行う社長直轄プロジェクトを立ち上げる経験をさせてもらった。

もともとソニーは、オリジナルなものを発想するということにかけては、世界でもトップクラスだった企業であり、そのようなイノベーション文化を社内に再興するということが、このプロジェクトの裏ミッションだったのだ。

その前年に僕は、米シカゴにあるイリノイ工科大学デザイン・メソッドの修士課程に留学し、本格的に「デザイン思考」を学んだ。アメリカで最も早くデザイン分野の博士課程プログラムを設置したイリノイ工科大学は、デザインスクールとして世界的に有名なスタンフォード大学

D.Schoolよりも前から「デザイン思考」をメソッド化してきたいわば「本家」とも言える学校である。

まだMBA留学がほとんどだった当時、わざわざアメリカのデザインスクールに留学する人はほとんどいなかった。そのため、僕の留学記ブログ[3]は一定の注目を集め、帰国してからはそこで学んだことを『21世紀のビジネスにデザイン思考が必要な理由』という本[4]にまとめさせていただく機会もいただいた。

本書はデザイン思考の解説書ではないので、詳細はそちらの書籍をご覧いただければと思うが、ここでは「デザイン思考」という、いま1つつかみどころのない概念の本質を、なるべくシンプルなかたちでお伝えしておこう。

まず、ごく初歩的なことを言えば、デザイン思考をはじめるうえでは、本人に芸術・デザインに関わる「センス」はさしあたって必要ない。これはあくまでも、デザイナーが一定の制作物を生み出すときに行う思考プロセスを抽象化し、ビジネスの世界で誰にでも利用できるかたちに落とし込んだフレームでしかない。言い換えると、創造における自転車の「補助輪」のようなものであり、美的センスがあるかどうかという話とは、いったん切り離して考えてかまわないのである(もちろん、センスがあるならすばらしい)。

これはデザイン思考の基本中の基本と言ってもいいが、僕もいまだにたくさんの人から「デザイン思考ですか……。でも私、絵心ないんですよね……」「僕、『図工』はいつも『2』でしたから……」などと言われることがある。日本語の「デザイン」という単語には、とくに美術的なものとの結びつきが強いニュアンスがあるため、こうした誤解を生んでしまっているのだろう。

かといって、これ以外にいい訳語があるわけでもないので、本書でもこのまま「デザイン思考」という言葉を使い続けることにする。デザイン思考のプロフェッショナルよりも「デザインセンスのいい人」はたくさんいるだろうし、何を隠そう、戦略デザインファームの代表である僕も、高校時代に最も成績が悪かった教科の1つが「美術」だった。絵が苦手な人、手先が器用でない人、アートに関する素養がない人も、どうかこのまま身がまえずに読み進めていただければと思う。

デザイン思考の3つのシンプルな本質

では、デザイン思考の核となっている「デザイナーが一定の制作物を生み出すときに行っている思考プロセス」とは何なのだろうか？　デザイン思考を提唱したＩＤＥＯのティム・ブラウンはこれを「デザイナーのツールキットによって人々のニーズ、テクノロジーの可能性、そして、ビジネスの成功という3つを統合する人間中心のイノベーションに対するアプローチ」と定義している。ややつかみどころのない定義だが、より具体的に言えば、そのエッセンスは次の3点に集約できるだろう。

①手を動かして考える——プロトタイピング
②五感を活用して統合する——両脳思考
③生活者の課題をみんなで解決する——人間中心共創

デザイン思考の本質①　手を動かして考える

何か新しいプロジェクトをはじめようというとき、たいてい僕たちは「調査・分析」「企画書作成」「会議」からはじめる。しかし、なんらかのアウトプットには「頭で考えた計画」が必要だというのは、一種の思い込みではないだろうか？　新しい家を建てるなら、設計図がなければならない。それはそのとおりだ。しかし、新しい家を「発想する」だけなら、設計図づくりは後回しでいいはずだ。

小さな子どもの粘土遊びを横で見ていると気づくことだが、彼らは明確なプランなどないまま手を動かし、そのプロセスのなかでアウトプットに修正を加えていく。最初は「粘土で『おうち』をつくっているの」と言っていても、最終的には「くるま」や「ゾウさん」が出来上がることも珍しくない。わかりやすく言えば、彼らは「手で考えている」のだ。

実際、デザイン思考のモットーの1つに「Build to Think（考えるためにつくる）」というものがある。まず手を動かしてみて、そのなかで発想を刺激し、新しいものをつくりあげていく——これは芸術家やクラフトマンの世界で経験則的に磨きあげられてきた方法論だ。

マサチューセッツ工科大学（MIT）教育学部教授だったシーモア・パパートは、これを

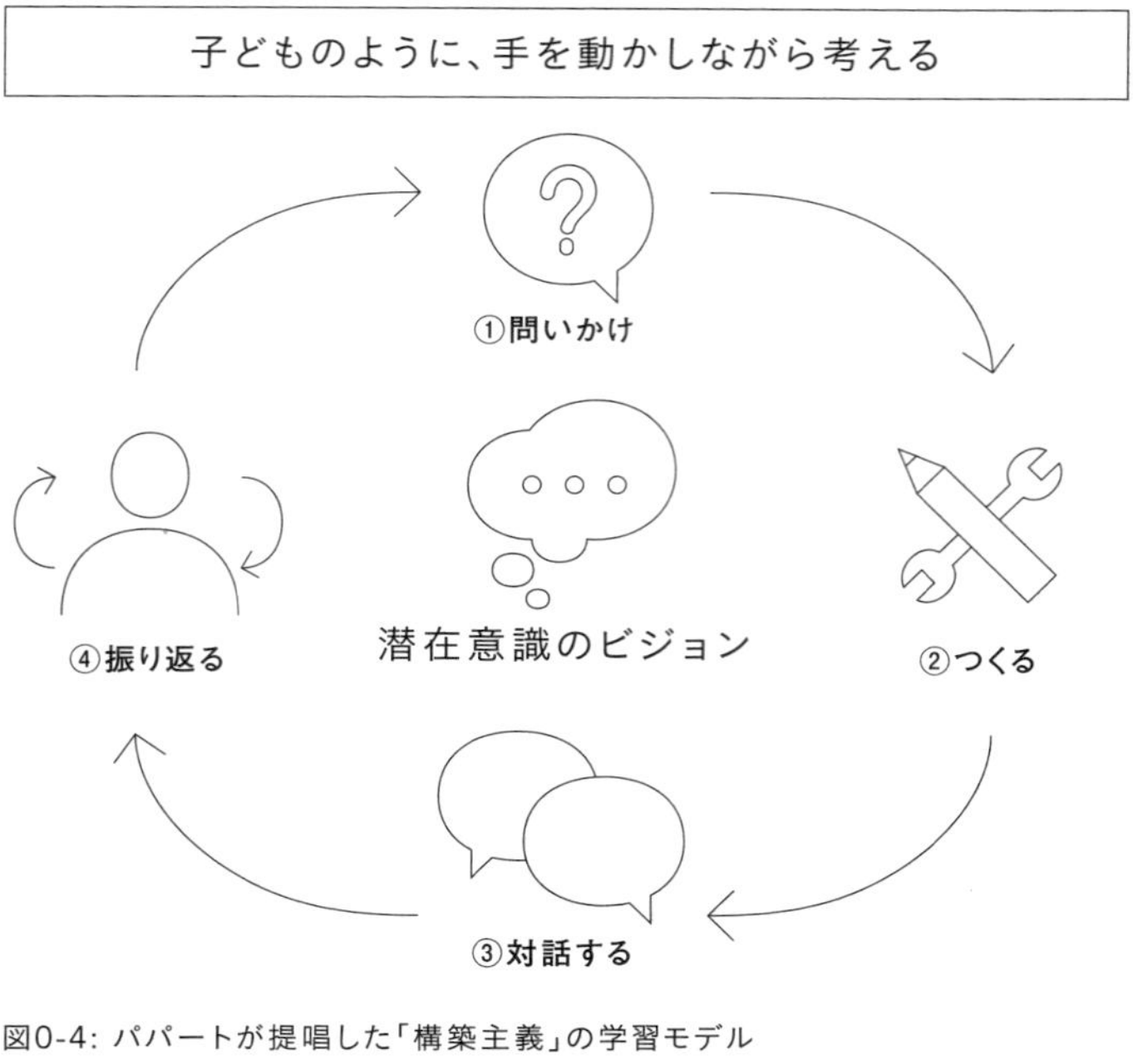

図0-4：パパートが提唱した「構築主義」の学習モデル

構築主義(Constructionism)という学習モデルに落とし込んでいる。[5]

構築主義の核心は、緻密な計画に先立って、まず不完全なアウトプットを行い、それを起点に対話・内省を促していくということにある。このような試作品のことをデザイン思考の世界では「プロトタイプ」、そしてそうやって試作品をつくる行為を「プロトタイピング」と呼ぶ。

何かを発想しようというとき、僕たちは「ちょっと煮詰まってしまって……。なかなかいいアイデアが出ないんだ」などと言うことがある。しかし、構築主義の世界では、こうしたことは原理的には起こり得ない。頭のなかにあるアイデア以前に、まだ言葉では説明しきれない具体的なプロトタイプがまずある。この点では、デザイン思考と戦略思考は「真逆」の手順を踏んでいると言うことができるだろう。

デザイン思考の本質② 五感を活用して統合する

1960年代半ば、スタンフォード大学の一部の研究者たちのあいだには、1つの問題意識があった。「論理的な思考力に優れたエンジニアたちは、ややもすると新しいものを生み出す創造性を失っていきがちで、それを放置していると、アメリカからイノベーション創出の力が失われてしまうのではないか」——。

そうした危機感から生まれたのが、「視覚思考（ME101:Visual Thinking）」ないし「両脳思考（Ambidextrous Thinking）」と呼ばれるプログラムだった。これがスタンフォード大学D.schoolなどで教えられているデザイン思考の土台になっている。

両脳思考という言葉が指し示すとおり、ここにはいわゆる「左脳／右脳」「論理／直感」「言語／イメージ」といった二項対立を乗り越え、両者を統合しながら新しいものをつくるという態度がある。

つまり、デザイン思考というのは、個別具体的な直感・イメージだけを重視するものではない。非線形的な思考モードへの再評価からスタートしながらも、単なる思いつき・妄想で満足したりはしないのである。

むしろ、直感と論理とのあいだを自在に行き来する「往復運動」こそが、デザイン思考の本質だと言えるだろう。スタンフォード大学で提唱された「両脳思考」でも、思考のLモード（言語脳）とRモード（イメージ脳）を自覚的に切り替えながら、発想を磨き上げていく手続きが推奨されている。

したがって、まず手を動かしながらプロトタイプをつくったら、一定の「言葉」に落とし込む作業も忘れてはならない。わかりやすいのは、その具体物に「名前」をつけることだろう。もちろん、いくつかキーワードを列挙するような作業でもいい。

この際にヒントになるのが、VAKモデルという考え方だ。これはVisual（視覚の）、Auditory（聴覚の）、Kinesthetic（体感覚の）という単語のイニシャルからとったもので、NLP（神経言語プログラミング）心理学の世界などでしばしば言及される概念である。人は五感を通じて知覚を行っているが、とくにどの感覚を優先的に使っているかは個人によって異なり、Visual型／Auditory型／Kinesthetic型という3つの類型があるとされている。

たとえば、感覚の代表システムが「視覚優位」である人は、目で見る学習をすると効率が高かったり、「話のポイントが見えてきました」「そこに焦点を絞りましょう」といった視覚言語を多用したりする傾向がある。

どちらのモードにも「切り替え」できることが大切

Lモード（言語脳）	Rモード（イメージ脳）
シンボル	ビジュアル、体感覚
論理	直感
分類	統合
分ける	包含する
客観的	感情的
線形思考	パターン認識
男性的	女性的
部分	全体
モノクロ	カラー
デジタル	アナログ

図0-5: 両脳思考における「Lモード」と「Rモード」の特徴

　他方、「体感覚優位」の人であれば、実際に手を動かしながら学ぶことに向いており、会話などでも「この広告はツルッとして引っかかりがないですね」「その話はズバッと刺さりました！」など体感覚に関わる言葉がよく登場する。

　これと同様、プロトタイピングによって具体物をアウトプットしたら、VAKの観点からそれを言語化してみるといい。そうすると、自分がとくにどのモードで世界を知覚しているかが見えてくるはずだ。

　僕はこのモデルを研究するなかで、とくに新しいものを生むためには、「何か世の中の〝あたりまえ〟に違和感を感じる」とか、「なんとなく気になる」という直感的な体感覚(Kineshteticモード)からはじめ、自分なりの

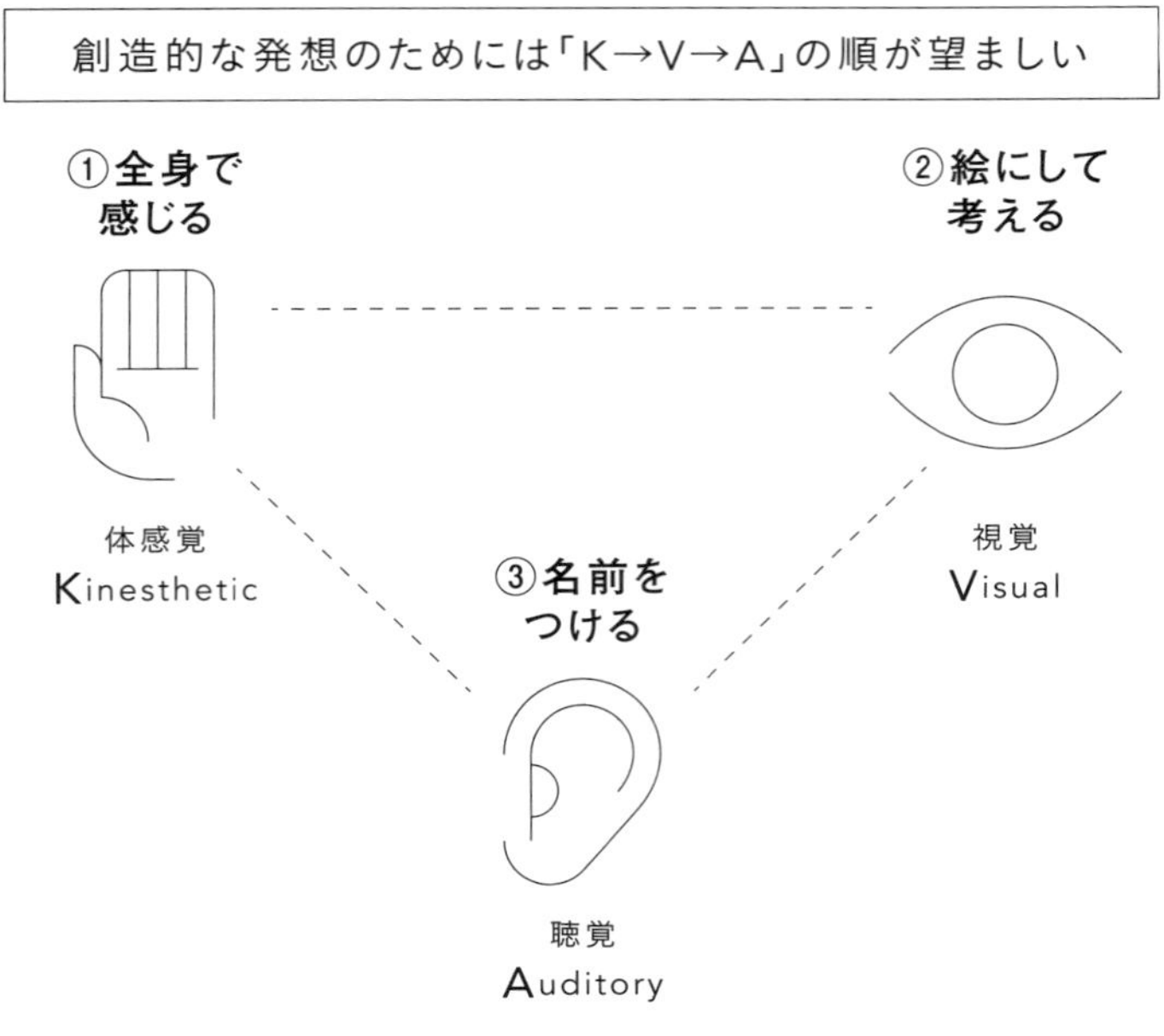

図0-6: 感覚にフォーカスするVAKモデル

アイデアを具体的なイメージとして描く視覚（Visualモード）に移り、最後にそれに呼び名をつける（Auditoryモード）という順序で考えることが自然ではないか、という仮説を持っている。

実際、小さな子どもは、新たに言葉を覚える際にこの流れをたどっている。すべての感覚に優れている必要はないが、ほとんどが「言葉の世界」だけで完結してしまうことが多い仕事環境にいる人は、バランスのよいVAKの活用がブレークスルーのきっかけになるだろう。

デザイン思考の本質③ 生活者の課題をみんなで解決する

デザイン思考の3つめのポイントが、「人間中心の共創プロセス」という特徴である。

考えるというのは、ある意味では孤独な作業であるというのがかつての常識だった。しかし、プロトタイピングからスタートするデザイン思考では、第三者にも「思考内容」が可視化されるというメリットがある。

他人から乱雑なメモや整理されていない箇条書きを見せられても、僕たちはその人が何を考えているのか、なかなかわからない。しかし、プロトタイプが目の前にあれば、少なくともそこには対話の「場」が生まれる。

小さな子どもが粘土でつくったものに対し、「これはゾウさんかな？」と聞けば、その子は「これは消防車だよ」と答えるかもしれない。すると、僕たちは「じゃあ、ここにタイヤをつけたらどうかな？」などと、別のアイデアを提案することができる。

これと同様、実際のビジネスにおいても、「次世代スマートフォン」に関する未完成のスライド資料を見せられる前に、企画者がイメージしているもののプロトタイプがあったらどうだろうか？　プロトタイプの素材はなんでもかまわない。ペンタブレットで描かれたスケッチかもしれないし、レゴブロックの作品かもしれない。たまたまデスクのうえにあったブロックメモとペンを組み合わせてもいい。とにかく何か具体物があることによって、人と人との議論が生まれるため、アイデアが進まなくなる事態を避けられるのである。

また、プロトタイプを目にしながら「言語化」を行う過程で、メンバーのVAKモードが異なっていれば、本人が見落としていた発想が容易に見つかるだろう。視覚優位の人のプロトタイプに対して、ほかのメンバーから「なんだかこの部分はボタンが多くて、ガヤガヤうるさい感じがする」（聴覚言語）、「もっと温かみを出せないかな」（体感覚言語）といったフィードバックが出てくるような場面を考えてみてほしい。

そのためデザイン思考は、チーム・組織が共通して抱えている同じ1つの課題を解決していく際には、非常に心強いアプローチとなる。生活者のリサーチを行うのも、創造のための「共通言語」をつくるという意味合いが大きい。

ユーザーリサーチを経ないプロジェクトも含め、あらゆるビジネスの業界でデザイン思考が広がりつつあるのは、共創型の課題解決メソッドとしての汎用性の高さゆえだろう。また、ここ10年くらいでSNSやクラウドツールが普及し、誰とでも協働のしやすい環境が用意されている。プロトタイプをオンラインで素早くシェアし、それに対する瞬時のフィードバックを得ながら、再度、プロトタイピングのサイクルを回していけるという意味では、デザイン思考はより〝現代向き〟の発想法だとも言えるだろう。

「有用性」から解放された「人生芸術の山脈」

「戦略」に疲れ、「デザインの平原」に活路を見出す人も増えてきたが、他方で、果たしてこの場所が永住するに値する楽園なのかということになると、必ずしもそうは言えない。

「プロトタイピング」「両脳思考」「共創」といったどの要素を取っても、デザイン思考と美的なセンスとのあいだには直接的な関係がないのは明らかだ。デザイン思考とは、万人が創造性を発揮するためのアプリケーションに過ぎない。この大地では、表向きには誰もが平等であり、見晴らしのいい平原が広がっている。

しかしながら当然、この地にも「先住民」はいる。デザインや美術に関する素養を持ったデザイナーやクリエーターたちだ。大地の一角にはきらびやかな塔が建っており、一部の人にしか立ち入りが許可されていないようだ。要するに、「センスがない人はお断り」というわけである。「戦略の荒野」からやってきた人のうち、もともとクリエイティブなことへの志向を持っていた人、何か具体的なモノ・サービスをつくった実績・経験がある人は、この塔に住んでいるアーティストらと組んで、次々とアウトプットを行っている。

とはいえ、そうしたコラボレーションに成功するのはひと握りだけで、大半の人たちは「平原」の見学ツアーを楽しんだあと、決まりの悪そうな顔をして、「橋」を引き返していく。論理・言葉に基づいた左脳型のシェア争いを繰り返していた人たちは、自分たちの創造性に自信が持てず、どこかで「先住民」たちへの引け目を感じている。

問題はこれだけではない。前述のとおり、デザイン思考は人々に共通する課題解決という局面では、かなり明確に効果を発揮する。プロトタイピングや両脳思考でアプローチしながら、複数人の集合知を組み合わせていく(共創)ため、誰もが納得のいく「答え」にすばやく到達することができる。

だが、これは裏を返せば、つくり手の個性や世界観の表現が制限されてしまうことでもある。「みんなでつくる」以上、「自分一人でつくる」ときよりも「自分らしさ」が失われるのは、当然と言えば当然だ。デザイン思考を忠実に実行すると、どうしても「他人モード」に偏りがちなのである。クライアントの問題解決をするデザイナーにもこれと同じことが起きる。

チームのリーダーとしてメンバーを助けることに慣れ過ぎた結果、僕の友人が「自分モード」を見失ったのと同じように、他人が抱える問題の解決ばかりに夢中になっていると、「誰の役にも立たないけれど、自分にとって大切なこと」が視界から消えていく。人の役に立つのがうれしいと思って続けていると、いつのまにか「自分がなくなっている」ことに気づく。

こうして内面的な「迷子」に陥った人々が、ふと視線を向けた先に広がっているのが第4の大地「人生芸術の山脈」だ。

ここは険しい山々に囲まれた山岳地帯である。無数と言っていいほどたくさんの山があり、それぞれの人が自分のビジョンを追い求めて山を登っている。彼らが登っているのは舗装されていない獣道で、途中で道が途切れていたり、ものすごい急勾配になっていたりしているようだ。

ほとんどの登山者たちは一人だが、なぜか誰もが楽しそうで、いきいきとした表情で登山を続けている。なかには、到底一人では登れなさそうな途方もない山（ビジョン）を見つけて、それに挑んでいる人もいる。起業家や経営者、フリーランス、アーティスト、アスリート、研究者、宗教家、政治家といった人たちだ。それに共鳴したフォロワーたちが同じ山を登ろうとしているのも見える。山を登る人たちに共通しているのは、みんな「他人の目」を気にしていないことだ。周囲の景色を楽しみながら「自分モード」の思考に没頭し、ひたすら目の前の道を一歩一歩、踏みしめている。

僕たちが目指すべきなのは、この大地なのではないか。

それに気づきはじめている人々がいる。デザイン思考へのシフトでも言及したダニエル・

図0-7：第4の世界「人生芸術の山脈」

ピンクは『モチベーション3・0――持続する「やる気!」をいかに引き出すか』(講談社+α文庫)という本のなかで、個々人の「内発的動機」が重視される時代になりつつあると訴えている。

また、マインドフルネスのような瞑想が流行している背景にも、同じような事情が読み取れる。ウェブやモバイルデバイスによって関心が「外」に向きがちな時代だからこそ、〝いまここ〟にいる「自分」へと注意を引き戻すことに、人々が価値を感じるようになっているのだ。

こうしたニーズは、個人ベースのみならず、組織論の文脈でも生まれている。経営学者の入山章栄氏(早稲田大学ビジネススクール准教授)によれば、現代のような不確実性が高い市場環境にあっては、「そもそも何をしたい会社なのか」といった全体感が不可欠になっているという。[6]

そのような長期的方向づけ(Long Term Orientation)は、細かな分析やロジックの足し合わせからは生まれないため、感性や直感が求められる。実際、そうした方向づけがしやすい「同族企業」のほうが、長期的にはパフォーマンスが高いという研究データもあり、グローバル企業でも10~20年スパンの長期ビジョンに基づいた戦略立案がはじまっている。

4つの思考サイクルの違い

さて、ここまで論理モードと創造モードを行き来しながら、思考をめぐる4つの大地をご紹介してきた。このあたりで視点を上空に移し、真上からこの世界全体を眺め直してみよう。

左図のとおり、4つの思考法は2軸からなるマトリックスになっている。まず縦軸になっているのが「クリエイティビティ」だ。「カイゼン思考」は一定のKPIを前提としながら、それをどう高めるかを目的にしていた。また、「戦略思考」が意図するのは、いかに市場シェアを広げて、より多くの利益を上げるかである。つまりどちらも、「既存の基準の範囲内で、パフォーマンスを高めていく」という点では共通している。

端的に言えば、これは知性優位の「1→∞」の世界だ。他方、これとは対照的に、「デザインの平原」や「人生芸術の山脈」では感性優位の「0→1」の創出が目指されていた。

次に横軸に注目しよう。こちらは「動機」をめぐる違いである。「カイゼン思考」や「デザイン思考」を突き動かしているのは、外的な問題・課題（イシュー）だ。PDCAの過程で何か問題が起きれば、それを評価（Check）し、改善（Action）することが求められるし、デザイン思考が共創型の問題解決フレームワークであることは、すでに見たとおりだ。

他方、「戦略の荒野」では、より内的な動機が支配している。戦略や論理思考は、競合からシェアを奪い、市場で勝利することをモチベーションにしている。つまり、ここで思考をドライブさせているのは、「勝ちたい」「儲けたい」というシンプルな願望なのだ。

これに対して、「人生芸術の山脈」で個人をつき動かしている欲求は、より雑多である。その対象は必ずしも社会的・経済的な成功だけではない。人を感動させる音楽をつくり続けるアーティストも、「2035年までに人類を火星に移住させる」と豪語するイーロン・マスクも、金銭や社会的承認への渇望にとどまらない、より根源的な願望を駆動力にしているのではないか。

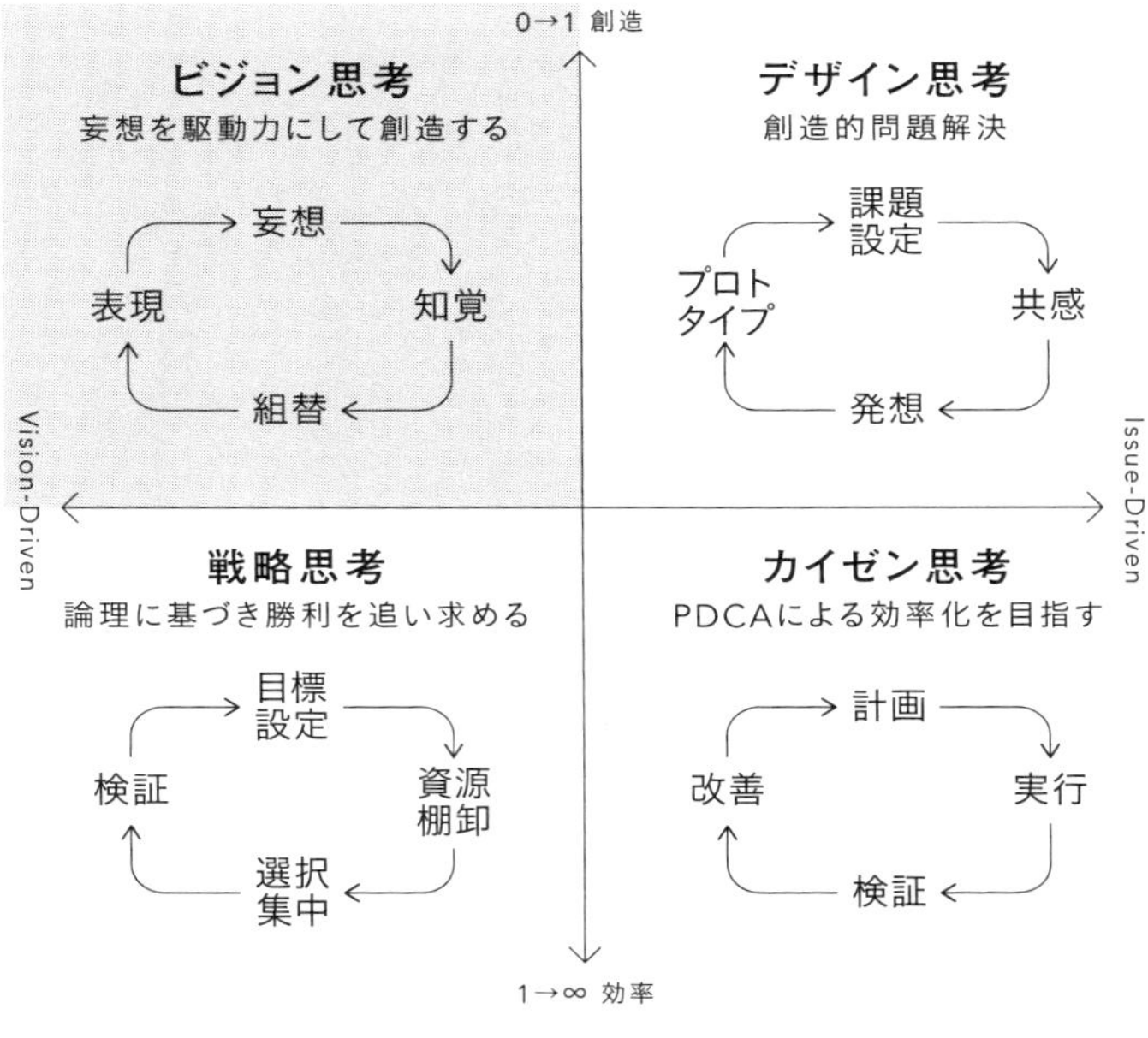

図0-8:「4つの思考サイクル」と「4つの世界」

さて、僕がこれからご案内しようとしている世界の「輪郭」は、もうおわかりいただけたはずだ。読者のみなさんにも「自分の現在地」が見えてきただろうか？　「はじめに」でも予告したとおり、個人的な関心からスタートして創造性をドライブさせる思考法を、僕は「ビジョン思考（Vision Thinking）」と呼びたいと思う。

ここで気になってくるのが、「人生芸術の山脈」の住人たちが行っているこの思考法が、どのような内実を持っているのか、ということだろう。

残念ながら、この大地は山々に囲まれており、なかなか全貌が見えない。

おまけに、「デザインの平原」とのあいだには「有用性の激流」という川が流れている。つまり、「役に立つかどうか」という視点が邪魔して、この山脈に踏み入れないのである。デザインというアプローチが創造性を発揮しうるのは、クライアントの存在があるからだ。「他者から課される制約」をエンジンにしているがゆえに、いつのまにか「自分のため」という視点が抜け落ちることがある。

また、「戦略の荒野」とのあいだにも、「独自性の谷」という大きな裂け目が口を開けている。シェアの獲得という共通のゲームが争われる「荒野」と、個々人それぞれのビジョンが追求される「山脈」とのあいだには、どうしても超えられないギャップが存在するわけだ。

独自性を発揮した山をつくっている人の人生は、美しく見える。しかし、そこへの道は遠く険しい。だとするると、僕たちはもう断念するしかないのだろうか？　個人の妄想をかたちにして生きていくなどということは、やはり一部の選ばれた人にしかできないことなのか？

諦めかけたそのとき、ふと地面を見てみると、あなたはこの4つの大地の中央に、大きな穴がぽっかりとあいているのに気づく。穴は地中深くまで続いているらしく、中は暗くて見えないが、穴の奥のほうからは楽しそうな笑い声が聞こえてくる。どうやら何かの作業をしているらしい。「カイゼンの農地」「戦略の荒野」「デザインの平原」……これらの大地では近年、「働き方改革」の号令が唱えられていたが、そこで会ったどの人たちよりも、楽しげに生きているようだ。

いったい、この穴は何なのだろう——。

図0-9: 4世界の全体像。「山脈」への道は閉ざされている？

NOTE

(1) 2016年のダボス会議から、もともと軍事用語だったVUCAという言葉が使われるようになった。「敵の全体像も戦場も明確ではないテロやゲリラ戦（機動戦）を戦うように、IT化したビジネスも、目に見えない予測不能な環境で戦わないといけなくなった」という状況を啓発する用語として使われている。

(2) 僕はP&G時代に戦略思考を学んだ。そのエッセンスをまとめたバイブルとして、次の書籍をオススメしたい。▶音部大輔『なぜ「戦略」で差がつくのか。——戦略思考でマーケティングは強くなる』宣伝会議

(3) デザインスクールのキャリアを考える人におすすめしたいブログ。▶佐宗邦威「D school 留学記——ビジネスとデザインの交差点」[http://idllife.blogspot.com/]

(4) デザインを学んだことがない人に、デザイン思考のエッセンスを学んでもらうのを目的で書いた本。英語版・韓国語版など4カ国語で翻訳されている。▶佐宗邦威『21世紀のビジネスにデザイン思考が必要な理由』クロスメディア・パブリッシング

(5) Papert, S., & Harel, I. (1991). *Situating Constructionism. Constructionism*, 36(2), 1-11.

(6) 「【入山章栄×林千晶】経営がデザインを求めだした理由」NewsPicks (2018/7/14) [https://newspicks.com/news/3170413/body/]

第1章

最も人間らしく考える

Think Humanly

「ヴィーナスの誕生」（サンドロ・ボッティチェッリ）——キリスト教の形式主義に支配されていた世界観から脱却し、「才能や理想を追求する、自由な人間性の回復」を目指したルネッサンス絵画の代表作。ヴィーナスは人間性のシンボルという説もある。

変わるための〝まわり道〟
——トランジション理論

前章で見てきた限りでは、僕たちの生きる世の中が「転機」を迎えているように思う。いままでの僕らをつくってきた仕組みや、その前提となる考え方・生き方にとらわれている限り、僕たちの閉塞感は消えない。そんなとき僕らは、どのように考え方・生き方をアップデートすればいいだろうか？

「人生における転機には3つの段階がある」とするトランジション理論[1]によれば、まず必要なのは「①終わらせる段階」に進むことだ。いつのまにか現れた停滞感や退屈さは、あなたがこれまでのステージを終わらせて、次に向かおうとしている証にほかならない。惰性で続けている生活習慣・仕事・人間関係などをしっかり終わらせる。終わらせることで、新たなものを受け入れる「余白」をつくるのだ。

その次にやってくるのが「②ニュートラルな段階」だ。過去のステージに別れを告げると、方向感覚が失われて不安が生まれるが、日々の自分の感覚に意識を向け、むやみやたらと動かないことが重要だとされる。

そこを通り抜ければ、最後には「③次のステージを探す段階」が訪れる。あれこれ探し回るなかで、そのうち自分が進むべき方向にピンとくるものが現れるだろう。そこからはモードを切り替えて、活発に動いていくだけだ。人は多かれ少なかれ、このようなプロセスを経ながら「転機」と言われるものをくぐり抜けている。

このうち誰にとっても顕著なのは、「①終わらせる段階」に生まれる違和感だ。それまでは楽しかったはずの仕事や趣味が、途端に彩りを失い、面白みが感じられなくなる。このような「モノクロの日常」を感じたら、トランジション（移行）のタイミングが迫っていると考えたほうがいい。心が「次なるチャレンジ」を求めているのに、頭がそれに気づいていないというサインなのだ。

とはいえ、これは「さっさと次に行きましょう！」という単純な話ではない。「なんだか飽きちゃったな……」という思いだけに流されて、安直に別のことに手を出しても、「モノクロの日常」はまた近いうちにあなたに追いついてくるだろう。むしろ、そのような退屈さを感じとったときこそ、「自らの心の声に耳を傾けるチャンス」だと思ったほうがいい。

かく言う僕も、20代後半にそうしたトランジションに直面し、うつで1年間会社を休むことになった。非常につらい期間ではあったが、結果的にはこの経験から得たものは大きかったと思う。

この「余白」があったおかげで、僕は焦って次のキャリアに飛び移ったりすることもなく、本当にやりたいこと、つまり、自分のビジョンにじっくりと向き合うことができたからだ。あのとき躓いていなければ、会社を起業するほどまでに「自分がやりたいこと」に強い確信を持てなかっただろう。

これはあくまで僕の実感値でしかないが、20代のころは比較的横一列でキャリアを歩んでいても、30代になると自分の独自の世界観をつくって活躍する人が、一気に世の中に出てくる。そういう人とサシで飲んだりすると、その多くが20代のころに一度ひどい挫折を体験したり、思い描いていたキャリアパスから転げ落ちたりした経験を語ってくれる。そしてたいてい誰もが、そのときのことに深く感謝している。

トランジションのときというのは、一時的に周囲から認められなくなるタイミングでもある。そうした厳しい環境になって初めて、周囲に影響されない自分のビジョンや価値尺度を見つめ直せるのだろう。眩しすぎる世界から暗い世界にやってくると、自分が放っている光にようやく気づけるようなものだ。

もちろん、読者のみなさんにそんな挫折を強いるつもりはないが、トランジション（移行）を成功裡に進めるには、ある種の「まわり道」が有効になるのは事実だろう。

穴に落ちること。すべてはそこから

　ここで思い出してほしいのが、前章の最後に登場した「穴」だ。覚えているだろうか？　4つの大地の真ん中には、大きな穴が口を開けていた。真っ暗でどこまで続くかわからないくらい深い穴。少し怖いけれど、失うものは何もない。勇気を出して、この穴に飛び込んでみよう。

　ご覧のとおり、穴から落ちた先には、新しい地下世界が広がっている。その名も「ビジョンのアトリエ」――。驚くべきなのが、まず目に飛び込んでくる山の裾野だ。この山は地上の世界にまで突き出している。そう、これは「人生芸術の山脈」の深層部

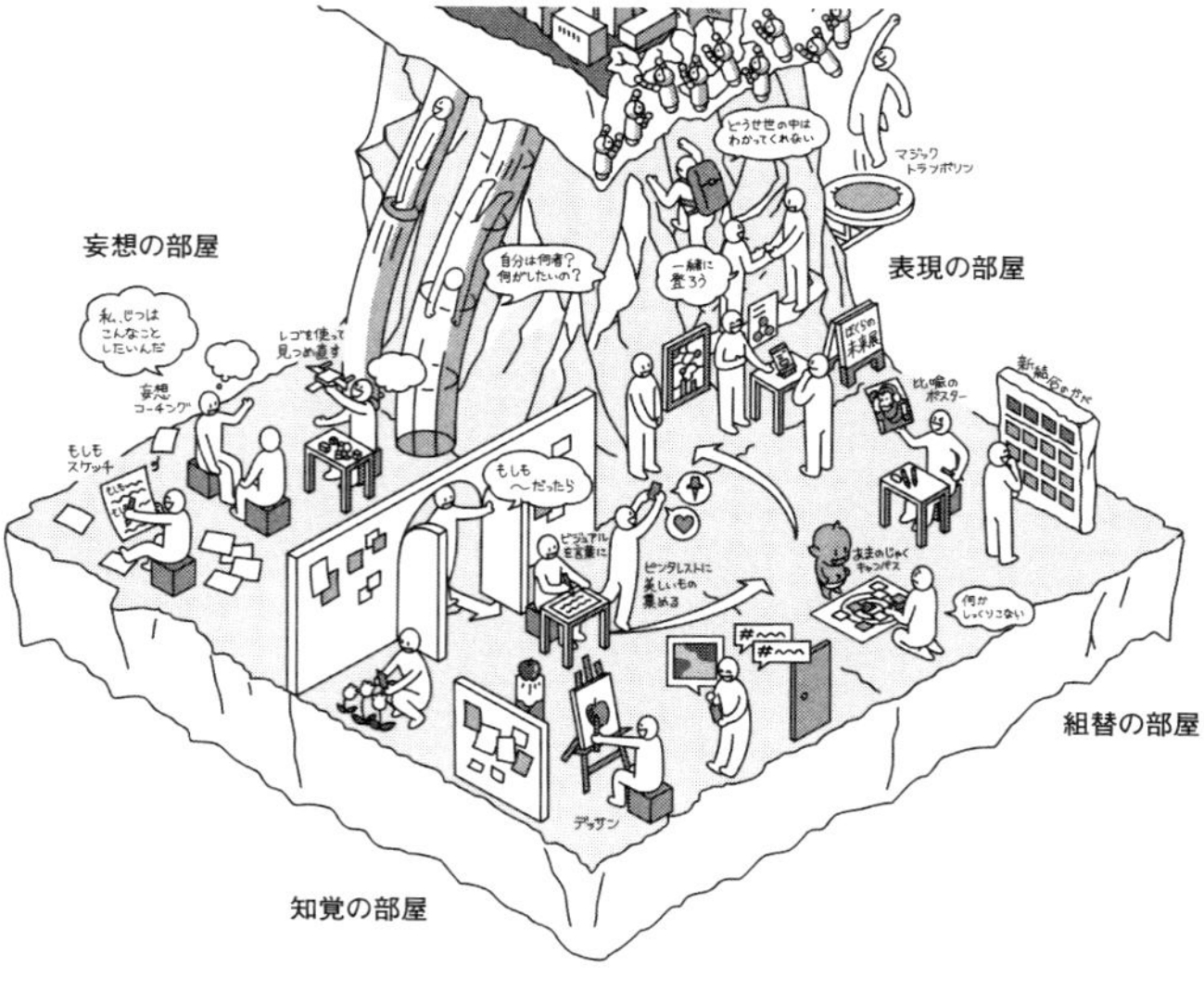

図1-1：「4世界」の地下に広がる「ビジョンのアトリエ」

なのだ。地上の世界からはどうやっても立ち入れなさそうに見えたあの「山脈」だが、この「ビジョンのアトリエ」からは地続きになっており、人々が次々と険しい山道を上がっていくのが見える。

学生やいわゆるアーティストを除くと、この「アトリエ」に定住している人は、ほとんどいない。多くは地上の世界からやってきた「旅行者」や「多拠点居住者」であり、発想を広げたり磨いたりする目的でここに降りてきたのち、しばらくしたらスッキリとした表情で自分のフィールドに帰っていく。「カイゼンの農地」「戦略の荒野」「デザインの平原」に続くエレベーターに乗り込んで上の世界に戻る人もいれば、そのまま山を登って「人生芸術の山脈」から地上に出ようとする人もいる。

ただし、山のふもとにたどり着くには、その手前にある4つの部屋を通過する必要がありそうだ。それぞれの部屋には「妄想の部屋」「知覚の部屋」「組替の部屋」「表現の部屋」という札がかけられている。それぞれの部屋の特色を説明しておこう。

第一のアトリエ　妄想の部屋

不思議な地下アトリエの最初の部屋は、「地上」の世界でフタをしている自分自身の内面や潜在意識と向き合い、「本当の関心」と出会うための場所「妄想の部屋」だ。といっても、それはまだ何か明確なかたちを取っている必要はなく、あくまで「妄想」のレベルでかまわない。大事なのは、自分の持つ欲望や、好きなこと、ワクワクすることに向き合うこと。

こうした妄想を引き出す作業は、一見楽しそうに思えるが、「内省」の習慣がないと、戸惑うことも多い。自分を殺して誰かのためだけに生きていた人にとっては、「苦痛」を伴うこともあるだろう。それでも手を動かしながら、「妄想」をかたちにしてみて、まずはそれと向き合うことだ。自分の根本的な妄想（ビジョン）をかたちにしようとするなかで、ずっと抑え込んでいたエネルギーが一気に解放され、呆然となっている人や急に涙を流しだす人もいる。みごと妄想を引き出せた人は、そこからエネルギーを得て、いても立ってもい

図1-2: 第1のアトリエ「妄想の部屋」

られなくなる。一気に山を登り出す人もいるし、そのまま地上に戻って毎日を過ごしたりもしている。

この部屋から次の部屋につながる扉は、自分の妄想を「もしも……だったら？」という魔法の問いかけに落とし込むことで開くようになっている。「問いかけ」は、新たな世界への扉を開くのだ。

第2のアトリエ　知覚の部屋

扉を開けた先に待っている2番目の部屋は、妄想の解像度を高めるための空間「知覚の部屋」だ。

部屋の壁やボードには、さまざまな写真や、詩のフレーズなどが無数に貼り出されており、それらを眺めたり手で動かしたりしながら、自分にピンとくるビジョンの設計図や世界観のコラージュをつくっていく。それ以外にも、視覚や聴覚、体感覚を刺激するさまざまなツールが

図1-3: 第2のアトリエ「知覚の部屋」

用意されている。各人はそれらを活用しながらインスピレーションを得て、ぼんやりとしていた妄想の輪郭をはっきりさせ、未来の可能性に彩られた構想を1枚の絵や設計図にまとめ上げていく。

第3のアトリエ　組替の部屋

3番目の部屋は、解像度を高めてアイデアらしくなってきた構想の「独自性」を徹底的に突き詰めていく工房「組替の部屋」である。他人の目を気にせずに主観的にアウトプットしただけの構想を、他人の目線で外から眺め直し、自分らしい世界観に基づいた独自のコンセプトへと磨き上げていく。ここでは「あまのじゃくの仮面」など、発想の「メタ認知」を促すさまざまなツールが用意されている。自分がとらわれている常識が「都市伝説」であることに気づいたり、構想を細かいパーツに分けて、もう一度、新しい組み合わせを考えたりするなかで、キービジュアルやネーミングなどの精度を高めていく。

図1-4: 第3のアトリエ「組替の部屋」

第4のアトリエ　表現の部屋

最後の部屋は、アイデアとして組み替えた妄想を、いったん具体的な作品にする空間「表現の部屋」だ。作品と言っても、大きなギャラリーに飾るような本格的な作品である必要はない。ビジョンを簡単にプロトタイピングしたもの（通称プロトタイプ[2]）で十分だ。自分の大事なビジョンを表現した作品に対して、小規模グループで批評し合い、そこで得た感想やフィードバックによってモチベーションを高めたり、次なる妄想の種をつくったりすることが、この場所の狙いだ。初めての旅行者でも表現ができるよう、いくつかの

図1-5: 第4のアトリエ「表現の部屋」

フォーマットが用意されている。

この空間での展示に飽きてきた人のなかには、地上の世界に戻ってからも本物の展覧会を開いてよりリアルで多様なフィードバックを得たり、その内容を実ビジネスへと進化させたりする人もいる。

展示を終えた人は、再び「妄想の部屋」に戻り、妄想を起点にしたプロトタイピングのサイクルに入っていく。これを何度も繰り返すうちに、「表現の部屋」の裏手には、それぞれの住人たちがつくった作品の山が積み上がっていく。これこそが「人生芸術の山脈」の正体だ。MIT教授で同メディアラボ副所長の石井裕氏は、「優秀な人間には『造山力』がある」と語っているが、まさにこの「山脈」は人々の造山力が生み出した「地層」にほかならない。

なかにはとてつもない妄想を引き出し、すごいスピードで具体化していく人もいる。「天才」と呼ばれる人たちだ。発明王トーマス・エジソンや、アップル創業者のスティーブ・ジョブズなど、恐るべき造山力を持った人は、地上の世界にまで突き出す巨大な秀峰を築いている。また、そこまで大きなものでなくても、それぞれの人は自分の小さな山をつくり、満足げな表情でそれを眺めている。

山をつくって地上の世界にたどりつくまでの道のりは、とても地道で先が遠いように思われる。

しかし、自分の「妄想」をかたちにすることに夢中になっていると、ときおり時代の大波がやってきて、突然現れた「マジックトランポリン」によって一気に高く飛躍できたりすることがある。

どんな起業家も、有名な科学者も、誰の理解を得ることもなく、一人黙々と歩んでいた時期があるものだ。ただ、あるとき、時代の大きな波がやってきて、彼らを一気に押し上げるような力が働いたにすぎない。肝心なのは、妄想から表現までのプロセスをどれだけ楽しみ、どれだけ夢中になれるかなのだ。

人が「自分らしい思考」を喪失する4つの原因

地下世界に広がる「ビジョンのアトリエ」は、独自の「妄想」をプロジェクトや事業、アート作品へと落とし込んでいる人々(いわゆる「ビジョナリー」)が無意識にやっている考え方(＝ビジョン思考)をモデル化してみたものである。このアトリエ全体を天井から俯瞰してみよう。

次ページの図がビジョン思考の基本サイクルである。この「アトリエ」が持っている4つのステップは、僕たちが「自分モード」で考えられなくなる4つの典型的な原因を、それぞれ解消してくれる。

裏を返すなら、「自分モードの思考」を取り戻すうえでは、次の４つのミッシングリンクを埋めることが必要なのだ。

①内発的動機が足りない
——妄想（Drive）
②インプットの幅が狭い
——知覚（Input）
③独自性が足りない
——組替（Jump）
④アウトプットが足りない
——表現（Output）

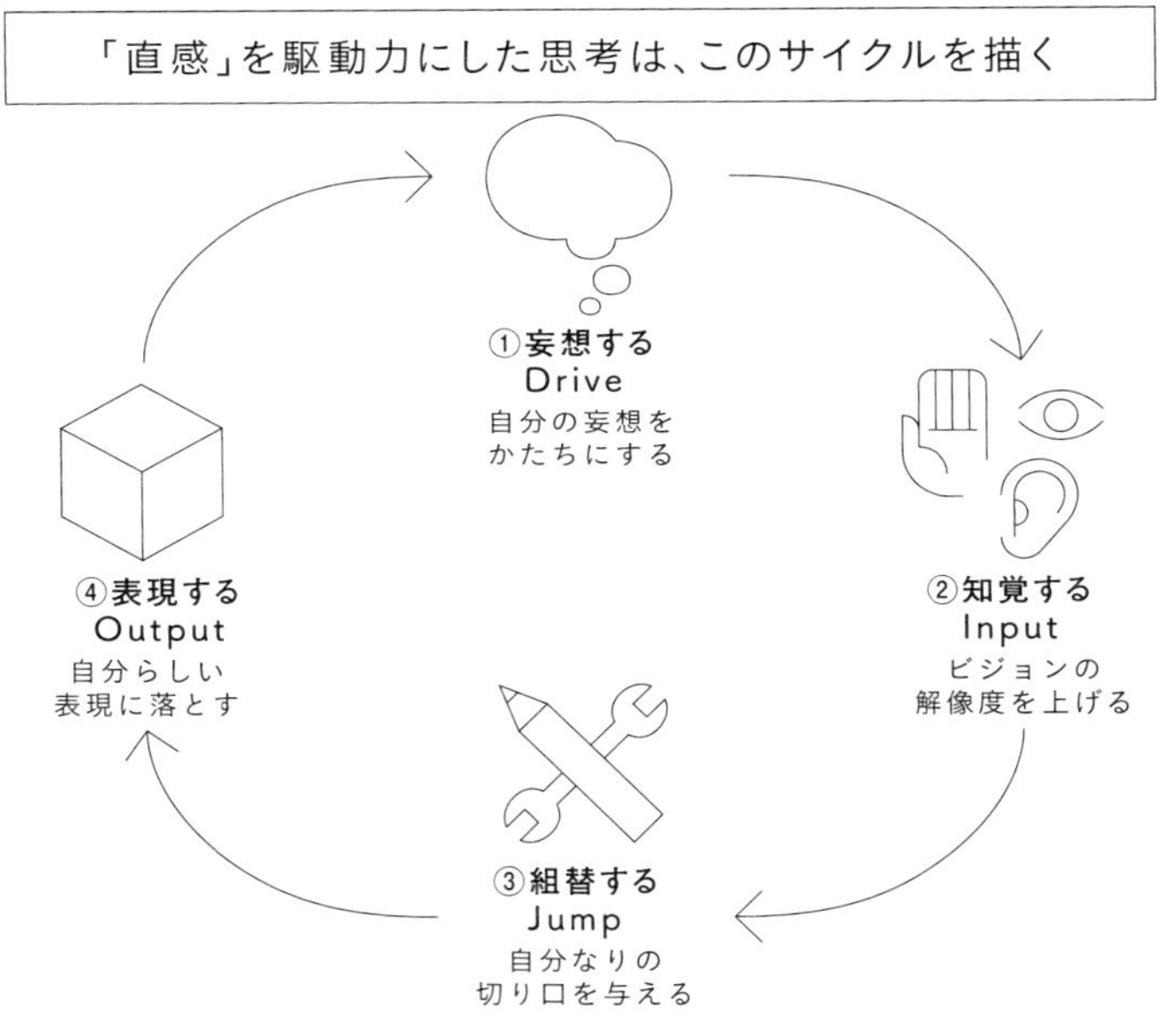

図1-6: ビジョン思考の4サイクル

自分モードで考えられない理由① 内発的動機が足りない

僕たちの日々の仕事や生活は、「やらなければならないから、やっていること」で占められている。逆に、「やりたくて、やっていること」は、果たしてどれくらいあるだろうか？　明らかにその割合は少ないはずだ。もっと言えば、何が「やりたいこと」で何が「やりたくないこと」なのか、「なぜ」自分がそれをやっているのかすら、よくわからなくなっている人もいるだろう。そういう状況では、そもそも「自分モード」で考えたくなるモチベーション、内発的な動機が生まれようがない。

自分モードで考えられない理由② インプットの幅が狭い

いまの時代、単なる情報はどれだけでも得られる。ニュースサイトのレコメンド・エンジンも精度が上がっているので、何もしないまま「知りたい情報」だけが流れ込んでくる状態をつくるのは、さほど難しいことではない。しかし、そうしたフィルタを通じて届くのは、「あなたと似た誰か」が欲した情報でしかない。逆説的に響くかもしれないが、「あなたのためにカスタマイズされた情報」に触れれば触れるほど、あなたの頭のなかは「ほかの誰か」と同一化していくのだ。

自分モードで考えられない理由③ 独自性が足りない

たとえばSNSの世界では、他者評価を可視化する「いいね！」のような機能がある。すると、どうしても人々の投稿は、他人から称賛を得やすいものばかりに偏り、似たようなポストばかりが世の中に溢れることになる。ニュースサイトのコメント欄などでは、本人は「自分の意見」のつもりで書いていても、結果的には「誰かが言っていそうな意見」に終始したものが多数観察される。シェアやリツイートが手軽にできてしまうからこそ、インプットした情報にどのような加工を施すかについて、考えるタイミングがなくなっているのである。

自分モードで考えられない理由④ アウトプットが足りない

最も多くの人がぶつかるのがこの壁だろう。現代は、情報のインプットだけなら、いくらでも増やすことができる。前述のニュースアプリやSNSはもちろんだが、読書や習い事、研修、セミナーなどに参加している人もいるだろう。しかし、そこで学んだことを外部化する機会がないため、いつまで経っても「その人なりの視点」が生まれてこない。学びを他者に伝えたり、展示・発表したりする場が欠落しているのだ。

ビジョン思考を身につける2つの条件

問題解決は、ビジネスの基本である。しかし、それだけでは足りないものがある。それは、組織レベルではいわゆるイノベーションの枯渇として、個人レベルでは言い知れぬモヤモヤ・停滞感として発現する。他方で、自分らしくいきいきと活動している人、ビジョナリーと呼ばれる人・企業は、意識的にかどうかは別として、必ずこうした「ビジョンのアトリエ」にアクセスし、「自分モード」のスイッチを入れ直しているのだ。

僕は「『アトリエ』の住人になれ」と言っているわけではない。このアトリエは有用性や費用対効果、問題解決などから切り離された世界であり、よほどの天才でもない限り、ずっとここだけに留まりながら生きていくのは難しいだろう。むしろ、僕たちのような凡人に求められているのは、いつでも地下の世界に降りて、自分だけの妄想からエネルギーを汲み上げ、再び地上の現実世界に戻ってくるだけのスキルなのである。

一見、難しそうに思えるかもしれないが、多かれ少なかれ、子どものころには誰もがこのような「往還」の運動をやっていたはずだ。特別な能力や技術は、何も必要ない。ただ、現代人の多くは、そうした考え方を「忘却」しているからこそ、前述の４つのステップをいわば人為的に設計し、意識的にそれを日々の思考に取り入れることが必要になる。より踏み込んで言えば、ビジョン思考の「習慣化」だ。

「余白づくり」がすべての起点になる

このような思考のモードを「習慣」として成り立たせるには、次の２つのものが必要になる。

①ビジョン思考の「スペース」
②ビジョン思考の「メソッド」

ビジョン思考を習慣化する最初の条件である「スペース」は、「はじめに」で予告したとおり、本書の核心でもある。ビジョン思考を習慣化するうえで何よりも大切なのは、そのための「余白」を人為的につくることなのだ。

これは、まっさらなノートのような「空間的余白」だけでなく、それを埋めるための「時間的余白」をも意味している。妄想・知覚・組替・表現が成立するためには、一定の時間・空間上に広がる「キャンバス」が欠かせない。なお、これら4つのステップに固有のキャンバスは、それぞれ微妙に役割が異なっている。

①妄想——内省のキャンバス
②知覚——触発のキャンバス
③組替——飛躍のキャンバス
④表現——展示のキャンバス

第3章以降のメソッド編では、こうした「余白」のつくり方も併せて解説している。いくらメソッドがあっても、それが機能するためのキャンバスがなければ、ビジョンを思考の駆動力にすることはできないからだ。

しかし、それ以前の問題は「これらの余白は、必ず本人が自らつくらねばならない」ということだ。その意味では、すべての創造は余白の創造からはじまると言っていいし、余白をつくることなくして、なんらかの創造的アイデアが生まれることはない。

子どもたちが使いこなしているビジョン思考を、大人たちが実践できない理由の大部分はここにある。子どもの生活時間には多くの余白がある。したがって、目の前にクレヨンと白い画用紙というキャンバスが用意されさえすれば、あとは勝手に彼らのビジョン思考が発動する。

他方、大人になってしまうと、少なくとも時間の「空き」はほとんどなくなる。業務や家族のための時間はもちろんだが、それ以外にも、SNSでの近況報告や写真、YouTube動画やNetFlixの連続ドラマ、メッセージアプリでの連絡などなど、ありとあらゆるものが、あなたの余白を狙って流れ込んでくる。そんな現代においては、余白が勝手に生まれることなどあり得ない。

だからこそ、「余裕ができたら、やってみよう」ではなく、まず先回りして余白をつくるのである。本書冒頭のエピソードで僕が友人に「いますぐ無地のノートを買うこと(空間的余白)」「いますぐノートを書く予定を入れること(時間的余白)」という2つのアドバイスをしたのには、こうした背景がある。

スティーブ・ジョブズをはじめとして、イノベーターとして注目される人物たちが、習慣的に瞑想を行っているのにも、同じような理由があるだろう。いまや、組織レベルでマインドフルネスと呼ばれる瞑想を採用する企業は、枚挙にいとまがないし、グーグルに至っては、これをSIY(Search Inside Yourself)という社内研修として展開している。

僕たちの仕事時間は「やるべきこと」で溢れていくからこそ、「何もしない状態＝余白」をつくる方法にはそれだけの価値があるのだ。余白がなければビジョン思考が機能し得ないことを、イノベーターたちは経験的によく知っているのである。

新しい未来をつくるうえで「余白」が欠かせないのは、「個人」だけではない。「企業」や「組織」も同じだ。

以前、ＢＩＯＴＯＰＥでは、日本サッカー協会のＪＹＤ (Japan Youth Development) プログラムと呼ばれる、サッカー普及事業のビジョンづくりに関わったことがある。そこで僕たちは、有志30名と一緒に「サッカーを通じて社会価値を生み出す事業」について語り合い、それを「絵」にするビジョンデザインプロジェクトを進めた。

そこで実感したのは、日本サッカー協会の職員の一人ひとりは、サッカーを通じて社会貢献をすることに対して、ものすごく強い想いを抱いているということだ。プロジェクト終了後には、たくさんの人から「ここまで自分個人の本当にやりたかったことを、みんなの前で話したのは初めてだった。でも、それはすごくうれしかった」「バラバラだった部署が1つになった気がした」という感想をもらった。

たいていの会社のなかには、もともと「ビジョンを描くキャンバス」が場として用意されていないことが多い。だから、新しいビジョンが生まれてこないのは、あたりまえのことだ。しかし、ビジョンデザインプロジェクトという「キャンバス」を用意することで、それまで個人のなかに押し込められていたビジョンが具体的に出てくるし、それによってメンバーそれぞれの「妄想」も具体化する。最終的にはそれを統合して「絵」や「物語」として発信していけば、それに共感したパートナー企業との協業も進む。

あなたの職場には、ビジョンが生まれる「余白」はあるだろうか？　それをかたちにする「キャンバス」は用意されているだろうか？　もしそれらがまったくないのであれば、まず「余白」をつくるところからスタートするべきだ。

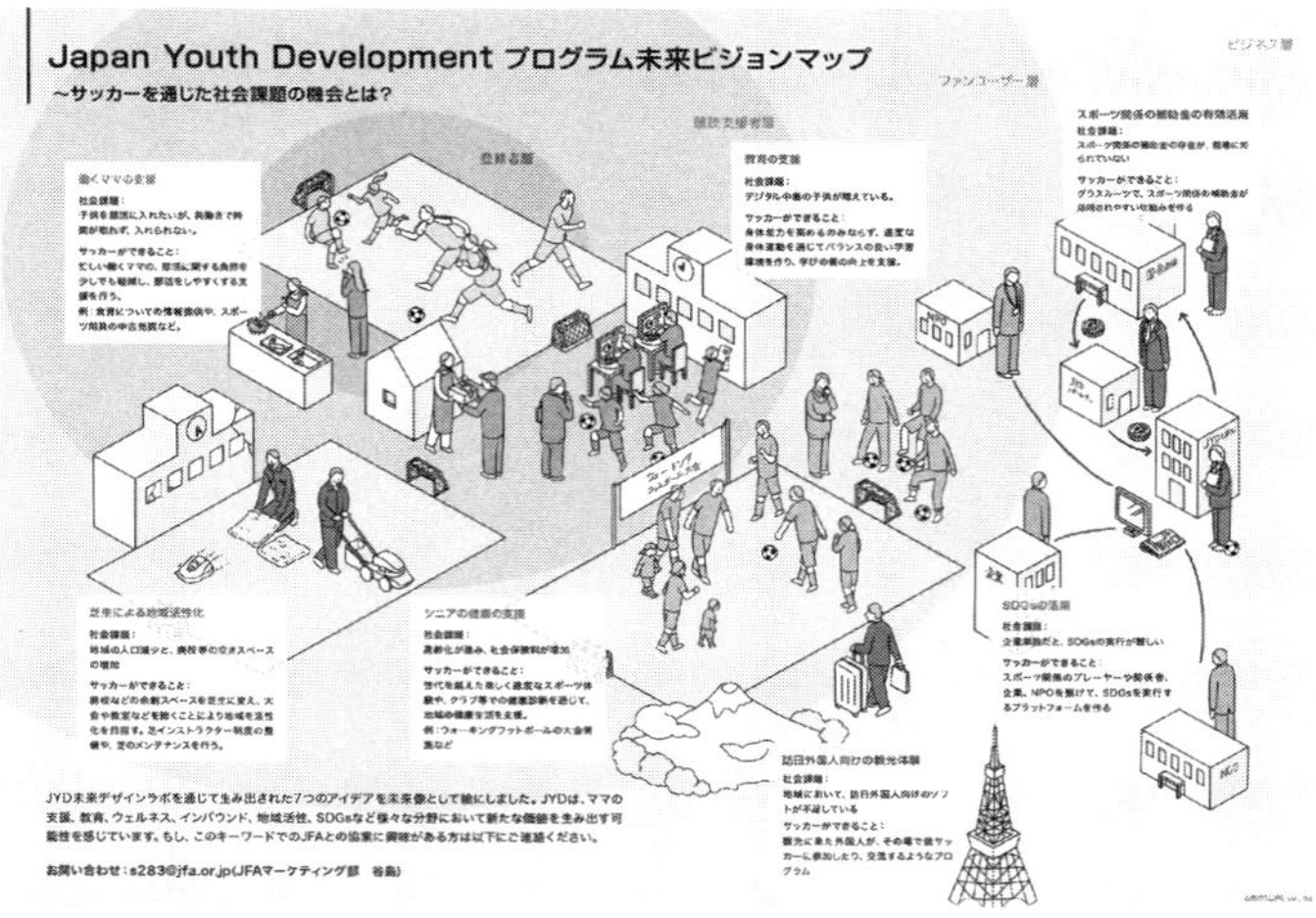

図1-7: JYDプログラムでつくった「絵」

ビジョン思考を習慣化する2番目の条件は、誰にでも実践できる「メソッド」のかたちに落とし込まれていることだ。個人の資質やスキルによって左右される方法は、そもそも継続が難しい。

しかも重要なのは、それらのメソッドが1つのサイクルのなかに配置されていること。つまり、どこかで途切れたりしない1つの「円環」ないし「螺旋」としてデザインされていることである。妄想からスタートした思考は、プロトタイプ化のフェーズをもって「終わる」のではなく、さらなる妄想を触発する「サイクル」になることが理想的だ。

また、これは「円」である限り、どのステップから思考をはじめてもいいし、どこで終えてもいい。このようなサイクル構造になっていることで、ビジョン思考は習慣としての継続ハードルを下げることができる。

現代人はむしろ「右脳」を育てやすい

他方、ビジョン思考が右脳モードと左脳モードを往復する性格を持っていると聞いて、身構えている方も多いのではないだろうか？

日本のビジネス現場には「自分、数字に弱いんですよね」「ロジカルに考えることができなくて……」などと、左脳系のスキルにコンプレックスを抱く人が少なくない一方、感性やひらめき、創造性、イノベーションといった領域にネガティブな反応を示す人も相当数いる。「絵が苦手で……」とか「学生時代は工作センスが絶望的でした」といった語りも、右脳的なものに対するアレルギー反応の一種だろう。戦略デザインの仕事をしているせいか、僕の体感値としては、後者のコンプレックスを抱く人のほうが多いように思える。

そんな人にまず考えてみていただきたいのが、それ自体が1つの思い込みだという可能性だ。「絵や工作が苦手」「発想センスがない」というのは、学校教育やビジネスの現場を通じて刷り込まれた認知的歪みかもしれない。そもそも僕たちは、直感を磨くための教育や訓練を受けていない。

これは裏を返せば、感性や直感に関わる能力には、まだまだ大きな伸び代があるかもしれないということだ。ここから論理や戦略の力を飛躍的に高めるのはかなり大変だろうし、いくらでも「猛者」がいるこの世界で抜きんでるのは至難の業だろう。

他方、まだ多くの人の注目が集まっていないビジョン思考の領域であれば、勝算は一気に高まるはずだ。個人としての成長戦略の視点で考えても、経営上の投資効率という観点からしても、今後、ビジョンに基づいた思考の力を磨いていくことは、理にかなっているのだ。

実際、脳内のネットワークやその働きは「使い方」次第で、かなり変化することがわかっている。これを脳の「可塑性」という。よく動かしている筋肉ほど大きく育つのと同様、活性化する頻度が高い部位から脳は鍛えられていくのである。

じつのところ、スマホをあたりまえのように使うようになった現代人は、日々スマホの画面で写真や動画を見たり、ＳＮＳ上を流れる脈絡のない情報を処理したりすることに慣れている。かなりの情報を「文字」を通じてインプットしていたひと昔と比べると、現代人は、全体を大づかみに把握する「右脳」的な脳の使い方をする機会が、爆発的に増えているはずだ。ちょっとした意識づけ次第では、以前よりもはるかに「右脳」を育てやすい環境にあるのである。

「頭」で考えていては淘汰される。「手」で考えるには？

さらに未来に視点を移すなら、ビジョン思考の「メソッド」は、あなたにとってＣＡＮ（できること）であるどころか、ＳＨＯＵＬＤ（すべきこと）にもなっていくだろう。

人工知能研究の権威である未来学者レイ・カーツワイルは、「シンギュラリティ（技術的特異点）」

という概念を提唱したことで知られている。これは言ってみれば、人工知能（ＡＩ）が人間の脳を超えることになる、ある特定の時点のことを意味している（この概念自体がある種の「ビジョン＝妄想」であることにもぜひ注目してほしい）。

カーツワイルは、著書『シンギュラリティは近い』（ＮＨＫ出版）のなかで、人間の脳とコンピュータの特徴を比較している。彼によれば、人間の脳はアナログ回路であり、デジタル型であるコンピュータ回路と比べると、圧倒的にスピードは遅い。その一方で、人間の脳には、あちこちの場所が同時発火する「超並列型処理」という顕著な特徴がある。最大１００兆回の計算を一瞬で行うというこのメカニズムのおかげで、人間の脳内では「予期せぬつながり」が生まれる。これが、いわゆる「ひらめき」の正体だ。

創造的な思考にとって、前述のＶＡＫ、すなわち、目で見たり（Visual）、耳で聞いたり（Auditory）、身体で感じたり（Kinesthetic）といったインプット／アウトプットが有効であるのも、僕たちの脳が超並列型の特性を持つことと関係している。

ただじっと座りながら考えて脳の一部を使うのではなく、さまざまな感覚器官からインプットしたり、手や身体を動かしたりすることで、脳内のいろいろな部位が同時発火する状態をつくることができる。こうすることで、人間の脳はコンピュータには成し得ない働きをし、新たな発想の結合を生み出すことができる。

実際、人間の神経細胞（ニューロン）は、全身を均等に司っているわけではない。下の図は、「ペンフィールドのホムンクルス」と呼ばれるものだ。脳神経外科医のワイルダー・ペンフィールドは、脳と身体との対応関係を調べ、一種の「地図」をつくりあげた。それを元にして、脳内の対応領域が多い器官を、より大きく表現したのがこの「ホムンクルス」という人形なのだ。一目瞭然だが、こうしてみると、人間の神経細胞のほとんどは、目・手・口に関わる部分に集中していることがわかる。

今後、「人工知能的なもの」がどの程度／どれくらいのスピードで、人間を脅かすことになるのかはわからない。しかし、「機械にはできない思考」「最も人間らしい考え方」があるのだとすれば、そのキモは「脳のできるだけ幅広い領域を同時発

図1-8: ペンフィールドのホムンクルス　（写真 ©Mpj29）

火させること」だろうから、VAKの要素（目・口・手）をバランスよく取り入れることはやはり必要だろう。目で見ながら、耳で聞き、口や手を動かす——そうすることで脳の同時発火を促していく考え方が求められていくのだ。こうした背景を踏まえるなら、第2章以降で解説するビジョン思考の「メソッド」は、これからのあなたにとって強い味方になってくれるはずだ。

＊　＊　＊

少々まわり道をしたりもしたので、ここまでの内容を振り返っておこう。

そもそもの出発点は、僕たちの思考が「他人モード」で占められていることだった。しかし、単なる「独りよがり」とは違う次元で、「自分モード」の思考を展開している人・組織が存在している。彼らにはどんな秘密があるのだろうか？

そこで序章では、「僕たちにはどんな考え方が残されているのか？」を検討してきた。ある種のパラレルワールドになぞらえながら、カイゼン思考、戦略思考、デザイン思考の3つを旅して、そのどれにも属さない「第4の思考法」の〝輪郭〟をつかむことができた。それこそが、「ビジョナリー」と言われる人たちが実践している、直感と論理をつなぐ思考法、すなわち「ビジョン思考」だった。

それに続くこの第1章では、その考え方がどんな〝内実〟を持っているのかを概観した。そこで登場したメタファーが、地下世界に広がる不思議なアトリエだ。ビジョン思考には、妄想→知覚→組替→表現という4つのステップがあり、それを継続的に実践していくには「スペース」と「メソッド」が必要になることを確認した。これでようやく僕たちは、本格的な旅のためのガイドマップを得たことになる。

そこで、いよいよ次からは、妄想→知覚→組替→表現の順で、それぞれの具体的な「メソッド」を紹介していくとしよう。これらのなかには、デザイナーやアーティストが実際に使っているものに加え、僕が独自に考案したやり方もかなり含まれている。したがって、「これが唯一のやり方だ」などと思う必要はない。ここにある方法をヒントにして、みなさんなりのやり方や習慣をつくっていただければ、著者としてもうれしいかぎりだ。

それでは早速、「妄想」のメソッドを見ていこう。僕たちの思考の原動力となる妄想を引き出すには、どんなふうに余白をつくり出し、どんなふうに実践の「習慣」をつくればいいのだろうか？

NOTE

（1）人生に迷ったときの名著としてぜひとも読んでほしい。さらに知りたい人は次の英語の論文もオススメ。▼ウィリアム・ブリッジズ（倉光修・小林哲郎［訳］）『トランジション――人生の転機を活かすために』パンローリング／▼Hunter, Jeremy. (2014). The Scary, Winding Road Through Change. *Mindful*, October 2014, 70-77.

（2）プロボタイプとは「Provocation ＋ Prototyping」から成る造語で、周囲からのフィードバックを目的につくられる、新たな考え方を表現した最小限のプロトタイプのこと。短い時間と限られた予算のなかでつくるため、試作品としての完成度は度外視される。Speculative Design（世の中に概念を問いかけるデザイン手法で、ヨーロッパでとくに盛ん）の作成過程で使われることもある。

第2章

すべては「妄想」からはじまる

Drive Your Vision

「民衆を導く自由の女神」（ウジェーヌ・ドラクロワ）――ロマン主義絵画の代表的な作品。フランス革命の時代、個人の自由を主題に、夢や神秘性の解放をテーマにする。勇敢な女性は、「妄想」の象徴だったと言えるかもしれない。

本当に価値あるものは「絵空事」からしか生まれない

50歳過ぎまで会社員をしていた人が、いきなり「私はこれから映画監督になって世間をアッと言わせたいんだ！」と言いはじめれば、面と向かってではないにしても、周囲の人たちは眉をひそめることだろう。なかには、陰で嘲笑する人もいるかもしれない。

しかし、同じ人が「これは僕の単なる妄想だけど、いつか映画監督になって世間をアッと言わせたいんだ」と言えば、おそらくそのような事態は回避できる。「実現しようもないアイデア」としてのニュアンスがある「妄想」という単語は、日常会話におけるある種の「予防線」として機能しているのだ。子どもが「宇宙飛行士になりたい」と言えば、「夢のある子だな」と評価されるが、ある程度の年齢になってからそうした夢を語ると、「いい年をした大人が、何を言っているんだ」という顔をされる。

日本はとくに「妄想」の地位が低い国ではないだろうか。アメリカやヨーロッパを回り、さまざまな起業家や研究者、デザイナーたちと対話した際、彼らは実現するかわからないアイデア、すなわち、妄想（ビジョン）を、初対面の僕に対しても堂々と語ってくれた。たしかに、英語の

Visionにも「幻、幻影」といったニュアンスはあるし、その派生形であるVisionaryはもともと、「実現不可能な」とか「空想家」といった用例が圧倒的に多かった単語だ。

しかし、少なくとも僕が海外で出会った人たちは、実現可能性が見えない突飛な発想を口にすることを、まったく恥じていないように見えた。むしろ彼らは、ほかの人にはまだ見えていない世界を見ながら、それを現実の世界に重ね合わせている。リアルとバーチャルを複合させるMR(Mixed Reality：複合現実)グラスを、つねに装着しているようなものだ。

なぜ、日本では地位の低い「妄想」が、世界のエリートと言われる人たちのあいだでは、ここまで高く評価されているのだろうか？　端的に言えば、彼らは「本当に価値あるものは、妄想からしか生まれない」ということを経験的に知っているからである。だからこそ、彼らはむしろ、あえて現実からかけ離れたことを言おうと、つねに意識してさえいるようだった。

この点を理解するうえで欠かせないのが、MITのダニエル・キム教授が提唱した「創造的緊張(Creative Tension)」という概念だ。人がなんらかの創造性を発揮する際には、「妄想と現実とのギャップ」を認識することが欠かせない。個人が自らの関心に基づくビジョンを明確にして、さらに、そのビジョンと現状とのあいだにある距離(ギャップ)を正面から受け入れたときに初めて、そのギャップを埋めようとするモチベーションが個人のなかに生まれる。このような緊張状態が生まれない限り、人はクリエイティブなモードにはならないのである。

この考え方をさらに下支えしているのが、カーネギーメロン大学の行動経済学者ジョージ・ローウェンスタイン教授による理論だ。[1]

彼によれば、人間の好奇心や情報への探究心が生まれるには、「情報ギャップ」を感じることが不可欠だ。つまり、まず探究する心があって、そこから情報の収集に向かうのではなく、「情報が欠けている」という認知があって初めて、「何かを知りたい」という好奇心が発動するというわけだ。

これに沿って考えれば、人は妄想を明確にすることで、初めて「情報ギャップ」を感じることができる。逆に、妄想を潜在的な状態に留めている限り、情報ギャップが生まれないので、前に進もうとする力も生まれないのである。

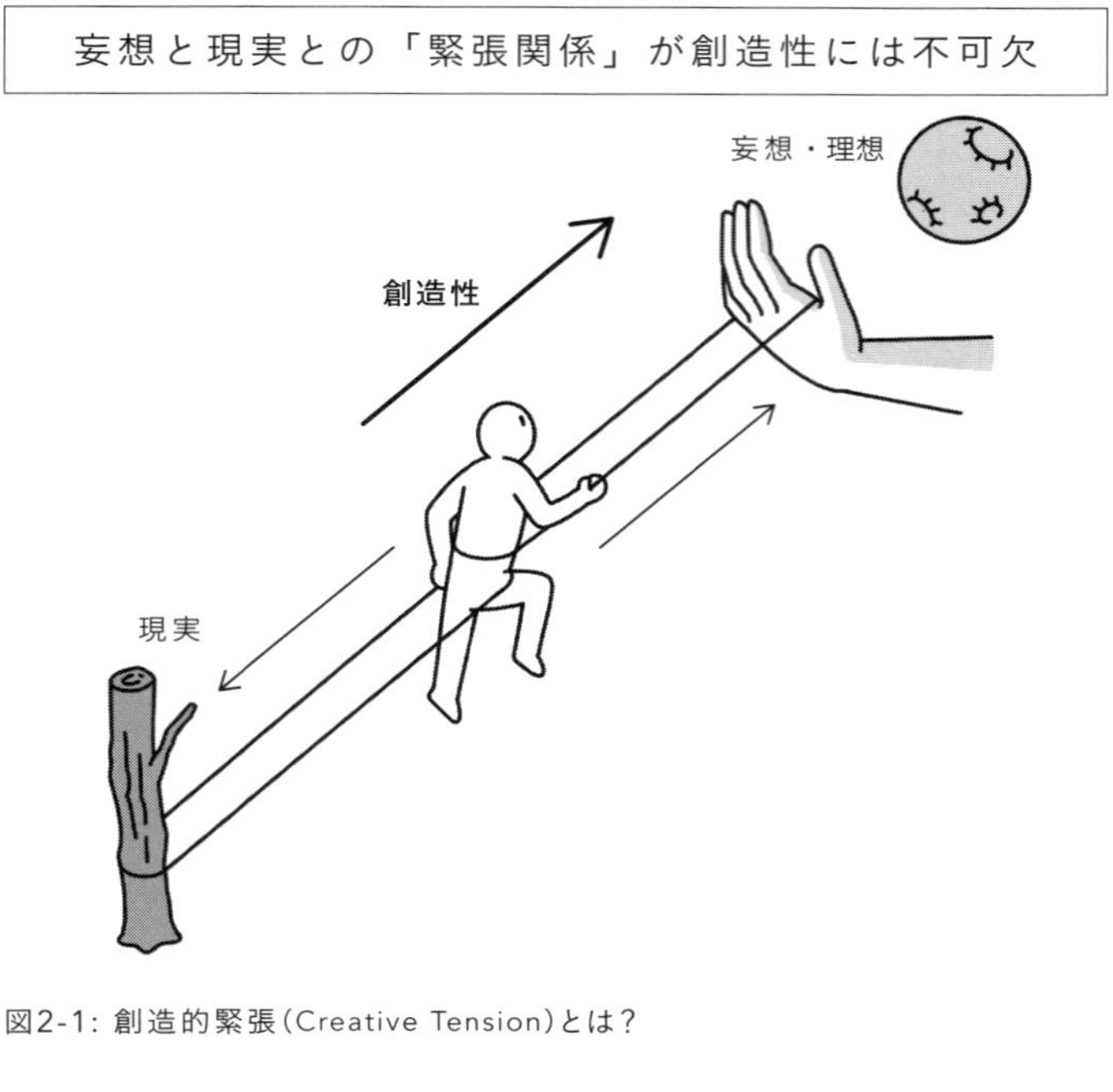

図2-1: 創造的緊張(Creative Tension)とは?

根拠なき大風呂敷を嫌う「前年比至上主義」――イシューとビジョン

しかし、目標を「実現できないほど大きなもの」にする必要は果たしてあるのだろうか？　現在と未来との「ギャップ」という点だけに注目するのなら、そこまで過度な目標でなくてもいいように思える。

実際、僕が最初にＰ＆Ｇで働いたときには、よい目標とは「Strech but Achievable（実現不可能ではないが、背伸びしないと達成できない）」なものであると教わった。人材開発研究などの知見でも、マネジャーが部下育成をする際には、本人の能力を大きく超えてはいないが、多少の「背伸び」が必要な挑戦課題を与えることが定石だとされている。

だとすると、実現不可能なビジョンは、無意味であるどころか、有害ですらあるのではないだろうか？　目標は「（背伸びは必要だが）実現可能なもの」と「実現できないくらい途方もないもの」、どちらであるのが望ましいのだろうか？

実際には、これは二者択一的なものではない。むしろ、思考力を発揮する際のアプローチに応じて、使い分けがなされるべきものだろう。

思考のアプローチは大きく2つに大別できる。

1つは、すでに顕在化している課題に対して、それを解決していくような思考だ。これはイシュー・ドリブン（Issue-Driven）なアプローチと言えるだろう。

他方、ここで僕たちが問題にしているのは、まだ目には見えない理想状態を自発的に生み出し、そこと現状とのあいだにあるギャップから、思考の駆動力を得ていく方法である。これがビジョン・ドリブン（Vision-Driven）なアプローチである。

注意すべきなのは、イシュー・ドリブンとビジョン・ドリブンの対立軸は、「思考が創造的かどうか」という点にはないということだ。「現前する課題（イシュー）」か「内発的な妄想（ビジョン）」のうち、どちらを思考のスタート地点に置くのかの違いである。

したがって、デザイン思考は、それ自体は創造的なメソッドでありながらも、あくまでも問題解決のための方法論として開発されたものだという意味では、イシュー・ドリブンなアプローチの範疇に入る。

イシュー・ドリブンな思考のモットーは、「Commit Low, Achieve High（小さくはじめて、大きく育てる」である。すでに顕在化している課題はもちろんだが、隠されている問題を発見し、それらを〝潰して〟いくことで、少しずつ着実に進んでいく。

僕がいたP&Gも、そうした漸進的な成長が望まれる会社だった。そんな環境下では、大きなモデル転換を引き起こす人材よりも、目の前の小さな課題を解決しながら、小さな成長を短期スパンで積み上げていく人が評価される。「前年比110%成長」のような目標値と目の前の現在値とのギャップ（達成率）を駆動力にしたアプローチ（イシュー・ドリブン）は、現代のビジネス界においては圧倒的な主流である。

「実現しようがない目標」はナンセンスなのか？

しかし、これにはマイナス面もある。1つは、「達成できそうな目標」以外にチャレンジしなくなることだ。イシュー・ドリブンなアプローチに偏ると、解決へのマイルストーンが見えている（ある意味ではイージーな）課題ばかりに取り組んでしまう。そうすると、組織からはイノベーションを創出する素地が、個人からはやりがいやクリエイティブなものの見方が失われていく。

もう1つの弊害は、イシュー・ドリブンで立てた目標があるせいで、「もう一歩、先に進もう」とするモチベーションが消えてしまうことだ。何か特定の問題解決を動機としている限り、ひとたびその問題が解消すれば、そこから先に発想が膨らむことはない。本来はより大きな成長のポテンシャルがあるのに、目標が達成できてしまったせいで、かえってそれが成長や創造性にフタをしてしまうわけである。

他方、ビジョン・ドリブンに設定された目標は、短期的にはまず達成されないから、そうしたことは起こり得ない。これについて、前年の実績が100だったAさんとBさんを例にして考えてみよう。

イシュー・ドリブンなアプローチをとるAさんは、「この問題を解決すれば、あと10は成長できる。今期は目標を110にしよう」と考える。これに対して、ビジョン・ドリブンに考えるBさんは、「この妄想を実現するには、残り900が必要だ。100→1000のためには、何ができるだろう?」という発想になる。

その1年後、AさんもBさんも110の業績を達成した。「達成度」の観点で見た場合、Aさんは100%であるのに対し、Bさんは目標にははるかに及ばない成果しか残せていない。

しかしこのとき、世界のビジョン・ドリブン・シンカーたちは、Bさんが失敗したとは考えない。むしろ、大きなビジョンがあるBさんのほうが、イノベーションが起こるポテンシャルは高いとされる。長期的には、Aさんよりもパフォーマンスが高くなるだろうと予測する人もいる。

「10％成長」よりも「10倍成長」を考える――ムーンショット

1961年にケネディ大統領が「今後10年以内に、人間を月に着陸させる」と演説し、アポロ計画の支援を表明した際、人々はケネディのメッセージを無謀なものとして受け止めた。当時のアメリカは、宇宙開発に関する技術面でも投資額でも、ソビエト連邦に大きく遅れをとっていたからだ。しかし、ひとたびこのビジョンが明確に言葉として示されたことで、その後のアメリカの宇宙開発は一気に加速し、1969年には人類初の月面着陸が実現することになった。

実現可能性を度外視した妄想（ビジョン）は、このエピソードを下敷きにして、「ムーンショット（Moonshot）」などと呼ばれることがある。ムーンショットから創造的緊張を得るアプローチの歴史はかなり古い。

尾張地域の一大名にすぎなかった織田信長が、周囲からすれば無謀と思われた「天下布武」を旗印に掲げ、天下取りの一歩手前まで迫ったというのも、ムーンショットの好例だろう。また、ピラミッドや万里の長城のような巨大遺跡も、実用的なニーズに基づいた積み上げ型の思考に先立って、とてつもない妄想の〝打ち上げ〟がなければ、とても実現しようがなかったはずだ。

いま、妄想を解放して大きな目標を描くムーンショット型の思考力、つまりビジョン思考への見直しが進んでいる。ハーバード・ビジネススクールの学生たちは、「本当に世の中を変えるかもしれないBig Ideaに集中せよ」と教えられるという。

以前、カーツワイルが立ち上げた「シンギュラリティ大学」のエグゼクティブ・プログラムを僕が受講した際にも、まず伝えられたのは「10%のカイゼンよりも、10倍にすることを考えろ」ということだった。同大には、そうした遠大な目標をつくるためのMTP（Massive Transformative Purpose：野心的な変革目標）というフォーマットが用意されているほどだ。

おそらく多くの人は「え、10倍？　そんなの無理に決まっている！」という感想を抱くはずだ。しかし意外に思われるかもしれないが、シンギュラリティ大学が「10倍」を推奨するのは、なんと「そのほうが簡単」だからなのである。どういうことなのだろうか？

いまよりも10%の成長を続けるのは「努力」が必要である。いまよりも10%長く残業するという単純な発想の人はあまりいないだろうが、生産性を10%高めたり、シェアを10%増やしたりといった「がんばり」が求められるのはたしかだ。

他方、10倍の成長は、その種の努力では到達不可能だとわかっているので、根本的に別のやり方を考えるしかない。途方もなく大きな目標があると、個人の創造力や内発的な動機に訴えかけるアプローチを取らざるを得なくなり、「努力」の呪縛から自分を解放することができる。また、自分だけで達成するのではなく、世の中に存在するあらゆる資源を活用しようという発想になる。だからこそ、「10%よりも10倍のほうが簡単＝ラク」という理屈だ。

また、ムーンショット型アプローチのメリットは、別のところにもある。ソニーコンピュータサイエンス研究所の社長・所長である北野宏明氏は、「2050年までに、サッカー・ワールドカップ優勝チームに完全自律型のヒューマノイドロボットのチームで勝利する」という遠大なゴールを設定している人物だが、彼はこうした思考法について次のように述べている。

「（ムーンショット型アプローチの）本当の目標は、定めた目標に行きつく過程で、様々な技術が生まれ、その技術が世の中に還元され、そして世の中が変わることなのです。これがMoonshot型のアプローチにある、もう一つの大きな効果です(2)」

経営にこのような考え方を取り入れる経営者も増えている。最近では、ZOZO社長の前澤友作氏が「2023年にアーティストとともに月に行く」という文字どおりムーンショット（彼の言葉を借りるなら「夢」）で注目を集めたのは記憶に新しい。

一方、その代表格として僕が取り上げたいのは、「2020年に人工の流れ星をエンタメ事業にする」という野心的プロジェクトを掲げる日本初の宇宙ベンチャー「ALE《エール》」だ。

ＢＩＯＴＯＰＥも支援する同社は、人工衛星から宇宙デブリ（人工的につくった粒）を発射して人工的に流れ星をつくり出す「Sky Canvas事業」を通じて、「宇宙エンターテイメント」という新領域を切り拓こうとしている。そのプロジェクトだけでも十分にビジョナリーだが、同社ＣＥＯの岡島礼奈氏は、全社員とのワークショップを通じて、「科学を社会につなぎ、宇宙を文化圏にする」という壮大なムーンショットにたどり着いた。彼女は「人類が月に行くようになった時代に、宇宙を『新しい文化が生まれる場所』にしたい」と語っている。

想像してほしい、宇宙に住むようになった人類は、どんな生き方をするだろうか？　きっと地球とは異なる独自の人生を歩むようになるだろうし、持続可能なエネルギー・食糧システムのなかで、新たなエンターテイメントを生み出しているかもしれない。

達成できるかどうかもわからない大きなゴールだが、つくりたい未来像を明確に打ち出すことで、科学技術の進化スピードをさらに高めていくのが彼女の狙いだ。実際、同じ未来を見ている人たちの共感を得られたことで、優秀な人材が集まるとともに、ビジネスパートナーとの協業や投資家からの支援にもプラスの影響が現れているそうだ。

ただし、既存の大きな会社が経営実務にこの考え方を取り入れようとするなら、人事評価や人材管理の方法にも抜本的な見直しが必要になるだろう。

すでに人的資源管理（ＨＲＭ）の文脈では、「成果を管理するための目標」ではなく、「人のモチベーションや創造性を引き出すための目標」という考え方が生まれている。「会社の目標」と「個人の目標」をリンクさせることに主眼を置いたＯＫＲ[3]（Objectives and Key Results）は、グーグルやインテルが導入した制度として注目を集めているが、これはビジョン・ドリブンな発想と親和性が高い目標管理のあり方だと言えるだろう。

ビジョン・ドリブン化する組織マネジメント

「イシュー・ドリブン」から「ビジョン・ドリブン」へのパラダイムシフトが進んでいる背景には、問題解決型のアプローチが限界を迎えているということがある。

ソニー在籍時に、「顧客起点の商品開発プロセス」をつくるという全社のタスクフォースがあった。顧客ニーズに近いところにいる現場社員がインサイトを集め、商品コンセプトをつくる。それをユーザーテストしてトップに意思決定をしてもらう。その方針に基づいて、現場がオペレーションを回して商品をつくる——そうした一連のフローをつくってしまえば、顧客ニーズと合致したヒット商品が次々と生み出せるのではないか、というわけだ。

結論から言えば、このプロジェクトはあまりうまくいかなかった。優秀なトップがデータに基づいて開発の意思決定を下しても、市場のニーズはすぐに移り変わってしまう。タイミングが合わなければ、その商品が売れるとも限らない。

また海外では、新たな商品コンセプトはKickstarterなどのクラウドファンディングサイトで、次々と出されるのがあたりまえになりつつある。このスピード感のなかでは、ソニー社内で承認を得ているうちに「後追い」になってしまうのだ。

イシュー・ドリブン型が限界を迎えているのは、商品開発の現場だけではない。マネジメント層が情報を集約してゴールを設定したり、戦略を立案したりしながら、ヒト・モノ・カネを動かしていくというモデル自体が、うまくいかなくなっているのである。

産業革命から現代に至るまでのヒエラルキー型の企業組織は、「科学的管理法の父」と呼ばれる経営学者フレデリック・テイラーの「経営管理」という概念を基礎にしている。テイラーが重視したのは、生産ゴールを設定し、いかにして誰でもそのゴールを達成できるようにするかということだった。まさに「カイゼンの農地」に典型的に見られたOSである。これがさらに拡張された結果が「戦略の荒野」に広がっていたモデル、つまり、いかにしてトップに現場の情報を集約し、最適な意思決定を下させるかという考え方である。

しかし、これを前提とする限り、「情報集約」→「合意形成」→「意思決定」→「伝達」→「リソース投下」→「現場の実行」という具合に、いくつもの中間プロセスが必要になる。このマネジメント・モデルでは、もはや時代の変化スピードにはとてもついていけない。

たとえば、情報を集めて、商品をリリースするまでのあいだに、マーケットのニーズが変質するといったことも、もはや決して珍しくはない。もはや「経営管理」という考え方が、成り立たなくなりつつあるのだ。

こうした流れを受け、ロンドン・ビジネススクールの経営学者ゲイリー・ハメルは、今後の企業経営陣の課題は「マネジメント・イノベーション」になると語っている。[4] つまり、従来の階層型組織が持っている欠点を取り除き、「個人」が自律的に戦略立案や意思決定を行う分散型組織へのシフトを、経営トップらが真剣に考えていかねばならないというのだ。

これをさらに推し進めるなら、「唯一の明確なビジョンをカリスマ社長が提示し、社員たち全員がその達成を目指して尽力する」という、いわゆるトップダウン型のビジョン経営すらも、時代にはそぐわなくなってくるだろう。

むしろ、経営者はごくゆるやかな不変のミッションだけを提示しておき、あとはそこに集った個人やパートナー企業が思い思いにそれぞれのビジョン(妄想)をミッションの価値観を守る範囲で実現していく、いわゆる「ティール組織[5]」が望ましい。

不要な階層性を取り去り、個人がフラットに価値を生む「場」をつくる自律分散型の組織こそが、21世紀のビジネスの勝者となるのかもしれない。

なお、ソニー時代の「顧客視点による商品開発プロセス導入」の失敗談を書いたが、その失敗の背景には、同社の「ヤミ研」カルチャーがあったことも忘れてはならないだろう。

「本当にやりたい大事なプロジェクトは、机の下で隠れて勝手にやれ!」「上司は理解してくれないかもしれないぞ。盛田(昭夫・名誉会長)さんが来たときに直接見せろ!」――かつてのソニーでは、そんなふうに先輩がアドバイスすることすらあったという。

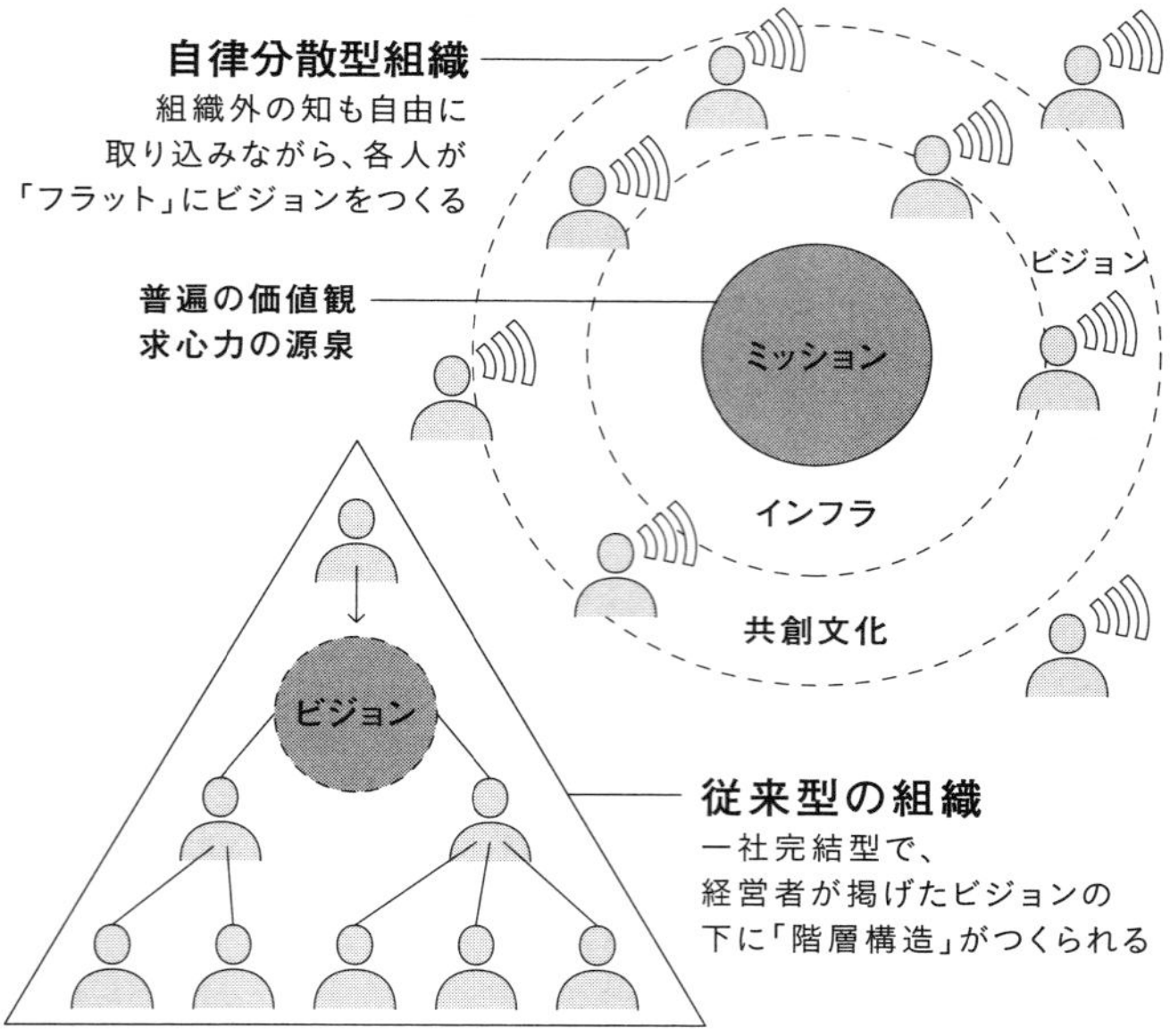

図2-2: ティール組織(21世紀の自律分散型組織)とは?

創業者の一人・井深大が打ち出した「自由闊達にして愉快なる理想工場の建設」（同社『設立趣意書』より）という文言のとおり、ソニーはもともと、ある種の「ティール的な組織文化」を持っていたのである。

同社在籍中、僕は以前の失敗の経験を踏まえ、「理想工場」をボトムアップで再興する全社プロジェクト「Sony Seed Acceleration Program」(6)の立ち上げに関わった。

このプロジェクトの裏には、「分散型組織によるマネジメント・イノベーション」を再現しようとする設計思想があった。いちいち細かなプロセス管理をするより、社員の自律性を大事にしたプログラムのほうが長続きするし、結果的にうまく広がる——そんな洞察は、やはり同社にも息づいている。公平を期して、ソニーのこうした素地や動きについても補足しておきたい。

* * *

さて、ここまで「なぜ妄想（ビジョン）が必要なのか？」について、主にビジネス環境の変化という視点でお伝えしてきた。

僕たちの思考に駆動力を与えてくれる妄想を「引き出す」には、どんなことが必要なのだろうか？

イシュー・ドリブンなアプローチであれば、ひとたび問題を発見してしまえば、やるべきことは見えてくる。しかし、ビジョン・ドリブンの起点となる「妄想（ビジョン）」が、勝手に姿を現すことはなかなかない。

先天的にそれが見えている人のことを、僕たちは「天才」（あるいは「狂信家」）と呼ぶのかもしれない。ましてや、膨大な情報が溢れる現代は、「眩しすぎて大事なものが見えなくなっている時代」（ミラノ工科大学のロベルト・ベルガンティ教授の言葉）だ。

99％の凡人にとっては、妄想を引き出す習慣を人為的にデザインしていくアプローチが、いちばんの近道である。ここからは、妄想を引き出すための具体的なメソッドをお伝えしていこう。

CLUE

「紙×手書き」が基本

妄想（ビジョン）を引き出すための「余白」「キャンバス」と聞いたときに、多くの人が連想するのは「ノート」ではないだろうか。実際、「新品のノートを買う」という行為は、いますぐ誰にでもできるという意味で、最も簡単な「余白デザイン」である。すでに使っているメモ帳などでもかまわないのだが、できれば「他人モードの思考」がまったく書き込まれていない、まっさらな状態のものが望ましい。持ち運んでいるときや開いた瞬間にテンションが上がるデザインだとなおよいだろう。その意味では、新しいノートを買ってしまうのがいちばん手っ取り早い。

このときによく聞かれるのが、「スマホやPC、タブレットではいけないのですか?」という質問だ。たとえば、Evernoteアプリを立ち上げて「+」ボタンをタップしたり、Microsoft Wordを起動したりすれば、何も書かれていない画面が現れる。

ちょっとしたメモや仕事のドキュメント作成で、ふだんからこれらを使っている人にとっては、わざわざ紙のノートに手書きするというのは、ひどく非効率的で億劫に感じられるはずだ。僕自身、新しいガジェットやテクノロジーには目がないし、こうしたツールの便利さはよくわかっているので、そういう人の気持ちはよくわかる。

しかし、「余白」をつくるという視点で考えると、物理的な「紙のノート」に優るデジタルツールは、いまのところ存在していない。

紙のノートのメリットは「手書き」ができることだ。ビジョン思考が右脳モードと左脳モードにまたがることはすでに述べたとおりだが、絵を描いているときはもちろん、文字を手書きしているときでも、僕たちの脳は右脳モードに切り替わる。タイピングやフリックでのテキスト入力が左脳中心なのとは対照的だ。

ただ、最近ではかなり完成度の高いペンタブレットが出ているので、デジタルデバイスの側も「手書き」という点では紙に劣らないかもしれない。

他方で困るのが、デバイスの画面に向き合っている限り、どうしても「他人モード」の邪魔が入るという点だ。ふいに友人からのＬＩＮＥが来るかもしれないし、TwitterやFacebookのプッシュ通知が目に入れば、どうしても気になってしまうだろう。

デスクトップ上に並んでいる仕事関係のファイルアイコンが目に入り、「あ、明日のプレゼン資料をつくらなきゃ」と思ったが最後、僕たちはすぐさま「他人モード」に引き戻されてしまう。ゲームアプリのアイコンが目に飛び込めば、すぐに僕たちの「余白」はゲーム時間に埋め尽くされてしまう。その点、真っ白な無地のノートを眺めていても、そのような邪魔が入ることはかなり少ない。

また、デジタルデバイスの余白は「奥にしまい込まれている」という点に弱みがある。「スマートフォンを手に取る→ロックを解除する→アプリを立ち上げる→新規作成をタップ」といったいくつかのプロセスを踏まないと、余白にたどりつけないようになっているのだ。

他方、紙のノートは、開けばすぐそこに「余白」があるようスタンバイされているし、その物理的な実体そのものが僕たちに「余白」を想起させてくれるようになっている。そういうわけで、余白デザインの第一の原則は「ペーパー・ファースト」である。(7)

CLUE

「感情アウトプット」を練習する――モーニング・ジャーナリング

これに次いで意識するべきなのが、「他人モードのツール」と「自分モードのツール」は、はっきり分けるということだ。たとえば、仕事でEvernoteを使っている人は、Evernoteに個人的な日記を書くと決めても、なかなかうまくいかないだろう。同様に、紙の手帳で仕事のスケジュールを管理している人は、その手帳に日記をつけようとしても、おそらく続かないはずだ。「他人モード」の侵犯を遠ざけたければ、ツールそのものを切り分けるのがいい。だとすれば、やはり新品のノートを買ってしまうのが、いちばんの近道なのである。

ノートを買ったらまず試してほしいのが、「はじめに」(12ページ)でも触れたジャーナリングという方法である。ポイントをいくつかあげておこう。

□毎日決まった時間に書く。毎朝の仕事前がおすすめ(これをモーニング・ジャーナリングという)だが、なるべく続けやすい時間帯ならいつでもかまわない

□人に見せないことが大前提。他人の目があるブログやSNSではなく、持ち運びが簡単なコンパクトサイズのノートがいい

□毎日、決まったページ数を書くようにする。「毎日2ページを埋める」と決めたら、な

るべくそれを守る

□お気に入りのペンで手書きする。手書きには集中力を高めたり、心を整えたりする効果も期待できる。ふだんキーボードばかりに向かっている人にはとくにおすすめ（右脳を活用するマインドフルな行為として「写経」が流行している）

□最低でも1カ月続ける。これくらい継続すると、かなりしっかりと効果を実感できる

妄想を引き出すという目的に照らした場合、ジャーナリングの記述内容は、「過去に起きたこと」よりは「そのときに感じていること」が望ましい。客観的な事実ではなく、あくまでも主観的な感覚・感情にフォーカスするわけだ。友人や家族に見せるわけではないし、ネットで公開することもないので、どんなに稚拙な文章でもかまわないし、どれだけキザなこと・恥ずかしいことを書いてもいい。

いちばんとっつきやすいのは、「感情ジャーナリング」だ。自分がいやだと思ったこと、うれしかったこと、どうにも気になっていることなどを、ありのままに書いていく。本当はつらかったのに我慢していたこと、じつは後悔していること、心の奥底に溜めている他人への悪口や嫉妬心などなど、マイナス感情が出てきても抑え込む必要はない。ただし、ジャーナルの最後は必ずポジティブな感情で締めくくるようにすると、日々の充足感が高まる。

「他人モード」に染まりきっている人は、これだけの作業にすら困難を覚えるはずだ。自らの感情にアクセスするための「筋肉」が鈍りきっているからである。まずは「思ったことをありのままに吐き出すリハビリ」だと思って、やってみてほしい。[8]

これまでかなりの人にこの方法をおすすめしてきたが、たいていの人は、1週間も継続すると、書き終えたあとの爽快感を実感できるようだ。さらに1カ月経ったくらいから、周囲の目を気にして身につけている「鎧」が取れてきて、「むき出しの自分」が見えてくる。

「はじめに」で紹介した知人も、「自分の周りにくっついていた何かが削り落とされて、ツルツルに磨かれてきたような感じ」という言葉を口にしていた。

なお、ノートは「ハードカバー」「ポケットサイズ」がおすすめだ。「他人モード」に邪魔されない特別感がつくれるし、どこでもパッと開けられる。

図2-3:【左】測量野帳[SKETCH BOOK](KOKUYO)
【右】モレスキンノート[POCKET・無地・ハードカバー](モレスキン)

CLUE

「何もしない時間」をスケジュール予約する

ノートを買うのは誰にでもできるはずだが、多くの人がこぼすのが「忙しい」という悩みである。要するに、いくら「空間的な余白」を確保しても、それを書くための「時間的な余白」がないというわけだ。

とはいえ、時間上の余白についても考え方は同じだ。そのうちヒマな時間ができるのを待っていては、いつまで経っても余白は生まれない。「他人モード」に先回りして、その侵入を受けない時間帯、「自分モード」のスケジュールを予約して、予定をブロックしてしまうことが必要なのである。

空間的な余白をつくる最良の方法が「いますぐノートを買うこと」なのだとすれば、時間的な余白をつくるいちばんの方法は、「いますぐ『自分モード』の予定を入れること」である。このとき、紙のスケジュール帳に予定を書き込んでもいいが、よりおすすめなのはスマートフォンのカレンダーアプリである。繰り返しのサイクルが決まっている予定などは、ワンタッチで簡単に設定ができるし、予定の10分前にプッシュ通知が入るように設定しておけば、忙しさのせいでつい忘れてしまうということがない。時間的余白をつくるという点では、むしろデジタルデバイスに軍配が上がると言っていいだろう。

「自分モード」の予定を押さえるときは、必ず「何をするための時間なのか」もセットで決めておく。一例として、余白の押さえ方をまとめておこう。

□時間単位の余白――朝8時・昼11時・昼15時・夜10時半に毎日アラームが鳴るように設定。そのたびに、1分間だけ自分の呼吸に注意を向けるマインドフルネス瞑想を行う。

「Headspace」や「Calm」といったモバイル瞑想アプリを併用するのもいいだろう。1分間の余白を確保することは、より大きな余白を手に入れるための第一歩だ

□日単位の余白――毎日の決められた時間に「自分だけのための予定」を入れる。夜の予定はなかなかコントロールしづらい部分もあるので、日単位の余白は「朝」か「昼」がおすすめ。毎朝1時間くらい早起きをして、オフィスに行く前に必ずカフェに立ち寄るのはどうだろうか。同僚と代わり映えのしないランチをとるくらいなら、そこを「余白」としてデザインし直すのもいいだろう。日単位の余白は、ジャーナリングなどに向いている

□週単位の余白――「水曜日の夜」「土曜日の朝」など、1週間のなかの決まったタイミングに、2〜3時間をまとめてブロックする。毎日のノートを見返したり、テーマを決めて自分を振り返ったりと、余裕を持って自分自身と向き合う時間を確保しておく

□中長期単位の余白——年に4回（3カ月おき）ほど、「自分モード」デーをつくる。たとえば、3月末・6月末・9月末・12月末の1日を丸ごとブロックし、ほかの予定が入らないようにしておくといいだろう。それがなかなか難しいようなら、親しい友人と「年に1度の振り返りデー」を約束し、日程を決めてしまうというやり方もある[9]。

CLUE

質問もまた「余白」である——妄想クエスチョン

妄想が生まれてくるための「余白のデザイン」に関して、もう1つ紹介しておきたいのが、妄想クエスチョンという方法だ。

質問文というのは、それに対する回答を期待した「余白」である。「質問」があってはじめて「回答欄」が生まれる。質問を自分に対して設定するということは、答えのための余白をつくることに等しいのである。妄想を触発する妄想クエスチョンとしては、次のようなものがある。

□「子ども時代の夢は何でしたか？」
□「青春時代、何／誰に憧れていましたか？」

□「もし3年間自由な時間ができたら、何をしたいですか？」
□「もし100億円の投資を得られるとしたら何をしたいですか？」

妄想クエスチョンでも大切なことは「手で考える」ことだ。よほど生真面目な人でない限り、書籍の本文のなかでこうした質問に出くわしても、真剣に考えてみる人はいないと思う。つまり、これだけでは「余白」としてのデザインは十分ではないのである。

しかし、ここで1枚の紙を用意し、上に大きく横書きで「子ども時代の夢は何でしたか？」と書いてみよう。

さらに、左端に箇条書きの冒頭記号「・」（ビュレット）を3つ書いてみてほしい。あるいは、「1」「2」「3」と数字を振るのもいい。するとどうだろうか？　単なる白紙が、あなたの妄想を書き出すためのキャンバスとしての意味を獲得するはずだ。これが僕が言わんとする「余白のデザイン」である。

僕たちは大人になる過程で「実現可能性の壁」を学び、発想力にあらかじめストップをかけるように習慣づけられている。いわゆる「大人の判断」というようなメンタルブロックだ。ビジョン思考を実践したければ、こうした「頭のネジ」を意図的に外す訓練を繰り返すといい。そのときに有効なのが、妄想クエスチョンだ。

なかでも「子ども時代」を振り返る質問は、自分の根本的な関心事などを探索する際の常套手段だと言っていい。アメリカ留学時代にMITメディアラボの「Learning Creative Learning（創造的な学びを学ぶ）」という授業に出席したときも、冒頭に「あなたが子ども時代に熱中したものは何でしたか？」という質問に関するエクササイズが用意されていた。

すでに触れたMIT教授のシーモア・パパートは、「ずっとおもちゃの歯車で遊んでいる子だった」と自らを振り返っている。[10] 僕の場合は、三国志のカードゲームで、強い武将のカードを集めることに熱中していた。いまでも「何かを収集する」ことはすごく好きで、一緒に働くメンバーや仕事のパートナーが多彩な異能の持ち主であることなどにも、そうした傾向が表れていると実感する。

これと似ているのが、「憧れの気持ち」を手掛かりにする方法だ。憧れというのは、自分自身のワクワクと直結する感情だ。学生時代とか社会人1年目のときに、「この人みたいになりたいな」と憧れていた人はいるだろうか？　SNSなどの普及もあって「有名人」とも距離が近くなっているうえ、価値観が多様化して明確なロールモデルがなくなっているいま、憧れの対象は一人だとは限らない。職場の先輩から有名人、スーパースター、歴史上の偉人まで、思いつく限り自分の憧れを書き出してみよう。

さらに、「頭のネジ」を外す質問としてよく知られるのが、現実ではなかなかあり得ない架空の設定を入れるやり方である。シンギュラリティ大学の起業家プログラムをリードするパスカル・フィネットは、学生たちに向かって「もし3年間自由な時間ができたら、何をしたいか？」「もし100億円の投資が得られたら、何をしたいか？」といった質問を必ずぶつけるようにしているという。

「あたりまえ」を壊すことにモチベーションを持っている起業家といえども、なかなか「100億円」を使い切るのは容易ではないはずだ。こうした途方もない設定を質問のなかに入れ込むことで、無意識のうちに自分に課している制約を外すことができる。これも余白のデザインとしてはパワフルな方法だろう。

これらの妄想クエスチョンは、前述のジャーナリングのなかに組み込んでもいい。感情ジャーナリングに慣れてきたら、次のような別バージョンも試してみよう。

□欲望ジャーナリング——「○○してみたい」「○○になりたい」など、自分の欲望に目を向けて、それを言葉として吐き出す
□妄想ジャーナリング——「もし1カ月に1000億円使えるとしたら……」などの架空の設定を入れて、そこから妄想を膨らませる

ノート以外の紙に書く場合は、なるべくA4サイズ以上の大きなキャンバスを用意することをおすすめする。大きな紙に大きな文字で書くと、心理的にも爽快感が得られるはずだ。1枚ずつページが剥がせるタイプのノートがいいだろう。フリクション式で消せる3色ボールペンなどを使って、思い切りよく手を動かすようにする。ふだんの仕事で使っているのとは違うペンを用意するのもいいだろう。

CLUE

思考の「錨」を下ろす——偏愛コラージュ

ここまでは「いかに余白をつくるか」ということに主眼を置いてきた。

次に、「具体的にどうやって妄想を膨らますか」の観点から、いくつか「手の動かし方」もご紹介していこう。

図2-4:【左】プロジェクトペーパーA4・5ミリ方眼(オキナ)
【右】フリクションボール3(パイロット)

妄想の手がかりは、「好きだったもの」のなかから探すのが正攻法である。このとき、ただ頭のなかにそれらを思い浮かべるだけでは、うまくいかないかもしれない。前述のとおり、創造的な発想にあたっては、「K→V→A」の順が望ましい(48ページ)。

この場合で言えば、「好きだったもの」を抽象的に思考したり、文字にしたりするだけでなく、具体的な画像をプリントアウトして机の上にバッと並べてみよう。こうすることで、体感覚(Kinesthetic)と視覚(Visual)の刺激が得られるようになる。素材は、スマホのカメラロールのなかにある写真データでもいいし、ネットで画像検索したものでもかまわない。PhotoPinなどにキーワードを入れて検索すると、洗練された構図の画像が簡単に見つかるのでおすすめだ。

□ PhotoPin——http://photopin.com/

「好きなもの」の写真の素材のなかからピンとくるものを6〜10枚ほど集めて、机のうえに並べ直してみよう。それらはすべて、あなた自身のワクワクを呼び起こす何かを持っているはずだ。

次に、それらを貼り合わせてコラージュをつくっていく。A3サイズのスケッチブックを用意し、見開き2ページに貼ってみてもいいし、大きめのサイズのコルクボードにピンで留めてもいいだろう。これが偏愛コラージュだ。

それぞれの写真の下には「好きになった理由」「好きな要素」などを短いキーワードにして書いておく。ビジョン思考は、単なる右脳思考ではなく、イメージモードと言語モードを行き来することに主眼がある。この段階でも、簡単な単語レベルでかまわないので、「言葉」に落とし込む作業をやっておこう。

偏愛コラージュのポイントは、忘れかけていたものも含め、いまのあなたを形づくっている「好き・関心」を一覧化していることにある。

しかも、それをPCのフォルダの奥深くにしまい込むのではなく、空間を占める具体物にするからこそ意味がある。

コラージュをつくったら、自室の目立つところに貼り出してみよう。これは今後、あなたのビジョン思考をしっかりとつなぎとめる「錨《いかり》」になってくれる。

図2-5: 偏愛コラージュ(著者作成)

「自分の根本的な関心がどこにあるのか」——それを見失わないようにすれば、日々の生活・仕事はもちろん、昇進・転職・結婚などの転機にも、「他人モード」の荒波に流されることは少なくなるだろう。このコラージュをゆっくりと眺めるだけで、いつでも「好き」のスイッチが入れられる環境を、まず自宅につくってしまうのである。

CLUE

「考える→手が動く」を〝逆転〟する——ひみつ道具プロトタイプ

偏愛コラージュがVAKのうち、主に視覚（Visual）からの刺激を意図しているとすると、体感覚（Kinesthetic）を重視したエクササイズとしては、レゴブロックを使った方法がよく知られている。

子どものおもちゃとして知られるレゴブロックだが、レゴ社の教育部門で研究開発統括をしていたロバート・ラスムセンが、パパート教授の「構築主義」をベースにしながら、大人向けの教育ツールとしてまとめたのが、レゴ・シリアス・プレイ（LEGO® Serious Play）である。直面している課題や望ましい未来をレゴブロックで表現し、それを取り囲みながら対話や振り返りを行うことで、解決の糸口を掴んでいくこの方法は、チームビルディングや戦略立案にも活用され、世界的にもかなり広く知られるようになってきている。

心理療法の世界では、患者が自分の心的状態をミニチュア玩具で表現し、そこに隠れている認知の歪みを顕在化させていく箱庭療法(Sandplay Therapy)が用いられることがある。レゴ・シリアス・プレイもまた、「手を動かすこと」によって問題を掘り起こしていく点では、これによく似ており、妄想を活性化させたいときにも応用できる。この方法はよりいっそう奥行きのある世界にも通じているのだが、本書ではその入り口だけ紹介しよう。

やり方はシンプルだ。ある「お題」に対して、限られた時間・限られたピース数で何か作品をつくる。たとえばこんな具合だ。

□お題——なりたい私(制限時間5分・10ピース)

ポイントは「考えずにとにかく手を動かす」ということ。僕らは「何をつくるかを考えてから、手を動かすこと」にあまりにも慣れ過ぎている。その「順序」を壊すことが、このエクササイズの目的だ。

ひとまずパッと2つのブロックを取り上げて、それをランダムに組み合わせてみよう。その色や形態を眺めるなかで、自分が何をつくっているのかに気づくという順序でかまわない。そうしたらまた、思いつきで別のブロックをつけ加えたりして、また何か新しい解釈が生まれないかを試してみる。とにかくあまり悩まずに、子どもが遊ぶときのように手を動かし続けよう。子どもは「何をつくろうか」などと考え込んだりしない。適当に組み立てたりするなかで、だんだんとアイデアの輪郭をはっきりさせていく。

制限時間が終わったら、その作品の「タイトル」を正方形のポストイットに書こう。あまり悩まず、1分くらいでパッと言葉にするのが望ましい。ネーミングの作業は、自分がつくったものの本質を抽出する「コンセプト化」の訓練になる。つくり終えたら、作品とタイトルをセットにしてスマホで撮影し、ストックしていくのもおすすめだ。

自宅にレゴブロックがある人はぜひ試してみてほしいが、できれば同僚や友人、パートナーや子どもと一緒にやってみるといいだろう（もちろん、一人でやってみてもOK！）。また、素材はレゴである必要はない。手元にある文房具や本、雑誌の切り抜き、段ボールや紙ねんどなどを組み合わせてみてもいい。参考までに、もう1つお題を上げておこう。

□お題――あなただけの「ひみつ道具」（制限時間10分／20ピース程度）

あなたの「あんなこといいな、できたらいいな」を叶える「ひみつ道具」をレゴでつくってみてほしい。

これもやり方は同じである。「どんな道具があったら便利だろうか？」とか「解決すべき問題は何か？」といったことは考えなくていい。まずは気になるピースを手にとってみて、適当に組み合わせる。

観察してみたとき、それは何に見えるだろうか？　「この部分が羽みたいだな」とか「この穴からは何が飛び出すだろうか」というように、あくまでも視覚情報を起点にしよう。最後に、ひみつ道具に「名前」をつけ、ポストイットに書いたら完成だ。

作品が完成したら、ぜひ「なぜその作品をつくったのか？」も考え、自分の根源的な欲求を見つめてみよう。

身体リフレッシュ

飛学校

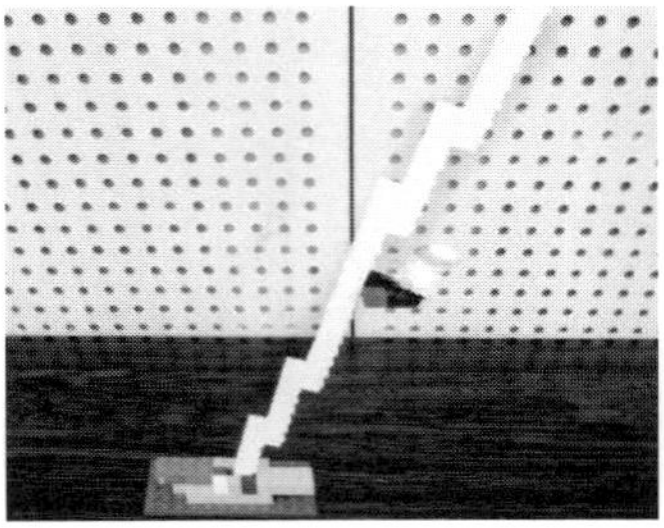
おちないくつ

みまもり王子と目だけ君

図2-6: あなただけの「ひみつ道具」（京都造形芸術大学の授業より）

CLUE
創造の「テンション」を引き出す——魔法の問いかけ

妄想を引き出す余白デザインとメソッドは手元に揃ったものの、それが単なる妄想に留まっている限り、まだ思考をドライブさせることはできないだろう。ビジョンを思考のエネルギーに変えるためには、すでに触れた「創造的緊張（Creative Tension）」が欠かせない。ただ理想とする状態が見えているだけではなく、理想と現実とのあいだに横たわる「ギャップ」の認知があって初めて、現実を変えようとするエネルギーが生まれるのである。

そのために必要なのが「問いかけ」という方法だ。

僕が「問いかけ」の力を知ったのは、P&Gのマーケターだったときだ。同社では毎年12月、1年間の成果を定量的に分析し、翌年の課題を洗い出すことになっていた。課題設定はブランドごとに行われていたが、必ず課題を「問いかけ形式」のフォーマットに落とし込むようになっていた。単に「課題＝現状のユーザーに新たなトライアルをしてもらう」ではなく、「どうすれば、現状のユーザーに新たなトライアルをしてもらえるだろうか？」という疑問文のかたちになっているのである。

些細なことに思われるかもしれないが、これも一種の余白デザインである。問いかけの形式になっていることで、自ずと僕たちの思考にはそれに答えようとする強制力が働き、その余白を埋めるべく、具体的なアクションが起こりやすくなる。とくに、組織として何か一つの問題解決を行う際には、このように「問いかけ」をデザインすることで、メンバーを同じ方向に意識づけることができる。非常に合理的に考えられたやり方である。

「問いかけ」は、イシュー・ドリブン（問題解決型）なアプローチにおいても有効だが、ビジョン・ドリブンな思考においてはそれ以上に効果を発揮する。ただし、アプローチに応じて、問いかけの構文が異なってくることには注意が必要だ。

何か具体的な問題を起点にして、その解決を目指すイシュー・ドリブンな取り組みにおいては、「どうすれば……できるか？」（HOW-MIGHT-WE型）という問いかけを立てることによって、「マイナスをゼロに引き上げようとするドライブ」が生まれる。

他方、妄想を起点にした考え方の場合、問いかけは「もしも……ならどうなるか？」（WHAT-IF型）というかたちをとる。前者と対比するなら、こちらは「ゼロからプラスに引き上げる駆動力」だと言えるだろう。

前述までの方法を通じて、なんらかの妄想を引き出したのなら、それをぜひWHAT-IF型の問いかけに落とし込んでみてほしい。「その妄想を実現するには何が必要か?」ではなく、「妄想が実現したら何が起こるか?」と、さらなる未来に目を向けてみるわけだ。

妄想(ビジョン)はその実現可能性を考えた途端に、エネルギーを失っていく。妄想↓知覚↓組替↓表現という4ステップからなるビジョン思考を行う際、最初のステップで何よりも大切なのは、自分の内から湧き出てきた妄想の「熱量」をできるだけ冷まさないこと、できればより「熱く」することである。この段階でどれくらいのワクワク感を持てるかが、ビジョン思考の最終到達点を大きく左右するからだ。

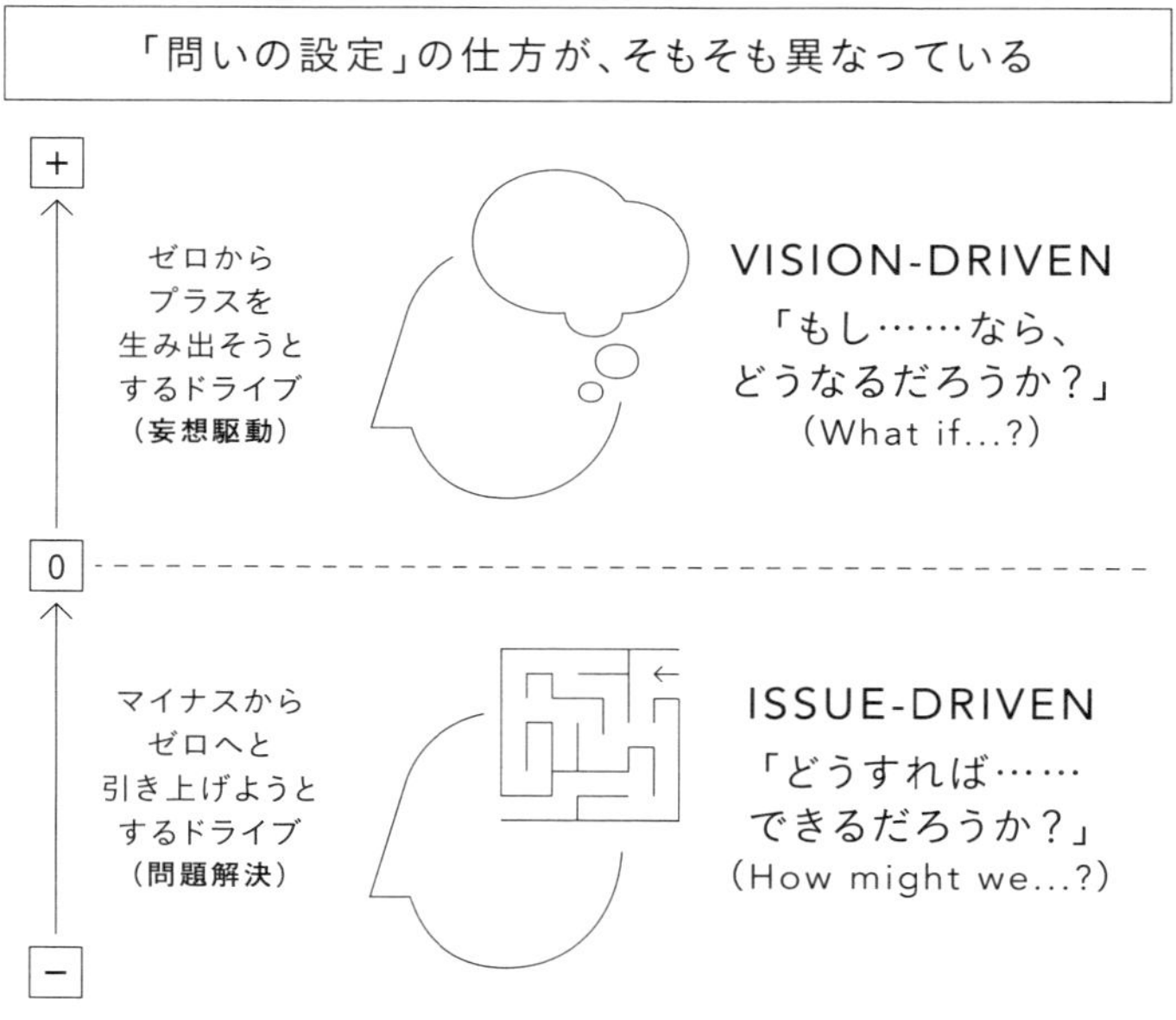

図2-7: イシュー・ドリブンとビジョン・ドリブンの「問いかけ」の違い

WHAT-IF型にしたビジョンの例をいくつかあげてみた。「問いかけ」になっているほうが、思考にドライブがかかるのを感じていただけるはずだ。

□「もしも誰もが週3日だけ働く時代が来たら、どうなるか？」
□「もしも平均寿命が1000歳になったら、どうなるか？」
□「もしも空飛ぶクルマが発売されたら、どうなるか？」
□「もしもお金が存在しない世界になったら、どうなるか？」
□「もしも1日100冊ずつ読書ができるなら、どうなるか？」

そろそろ「こんなことをして何の意味があるのか、さっぱりわからない！」というフラストレーションが溜まってきた人もいることだろう。ふだんから「他人モード」で思考することに慣れきっている人、問題解決型のアプローチや論理的な思考プロセスに親しみを抱いている人ほど、なんらかの居心地の悪さを感じるはずだ。本書が狙っているのは、従来とは異質な思考法へのトランジション（移行）なのだから、不安が伴うのは当然だ。

ただし、極度の反発心を感じている人は、次のような問いかけを立ててみてほしい。

「あなたの妄想が実現することで、どんなネガティブなことが起きるか？」

自ら立てた目標をなかなか達成できないとき、心理学の世界では、「それは本人の潜在意識が『目標を達成すること』自体を恐れているからだ」といった説明がなされることがある。僕らの心には、つねによりよい状態を求める一方で、大きな変化を避けようとする「免疫系」のような働きが備わっているのだ。[11]

それならば、WHAT-IF型の問いかけに答える際に、プラス面だけでなくマイナス面もはっきりさせてしまえばいい。

「ひみつ道具プロトタイプ」の妄想を、WHAT-IF型の問いかけにした場合で考

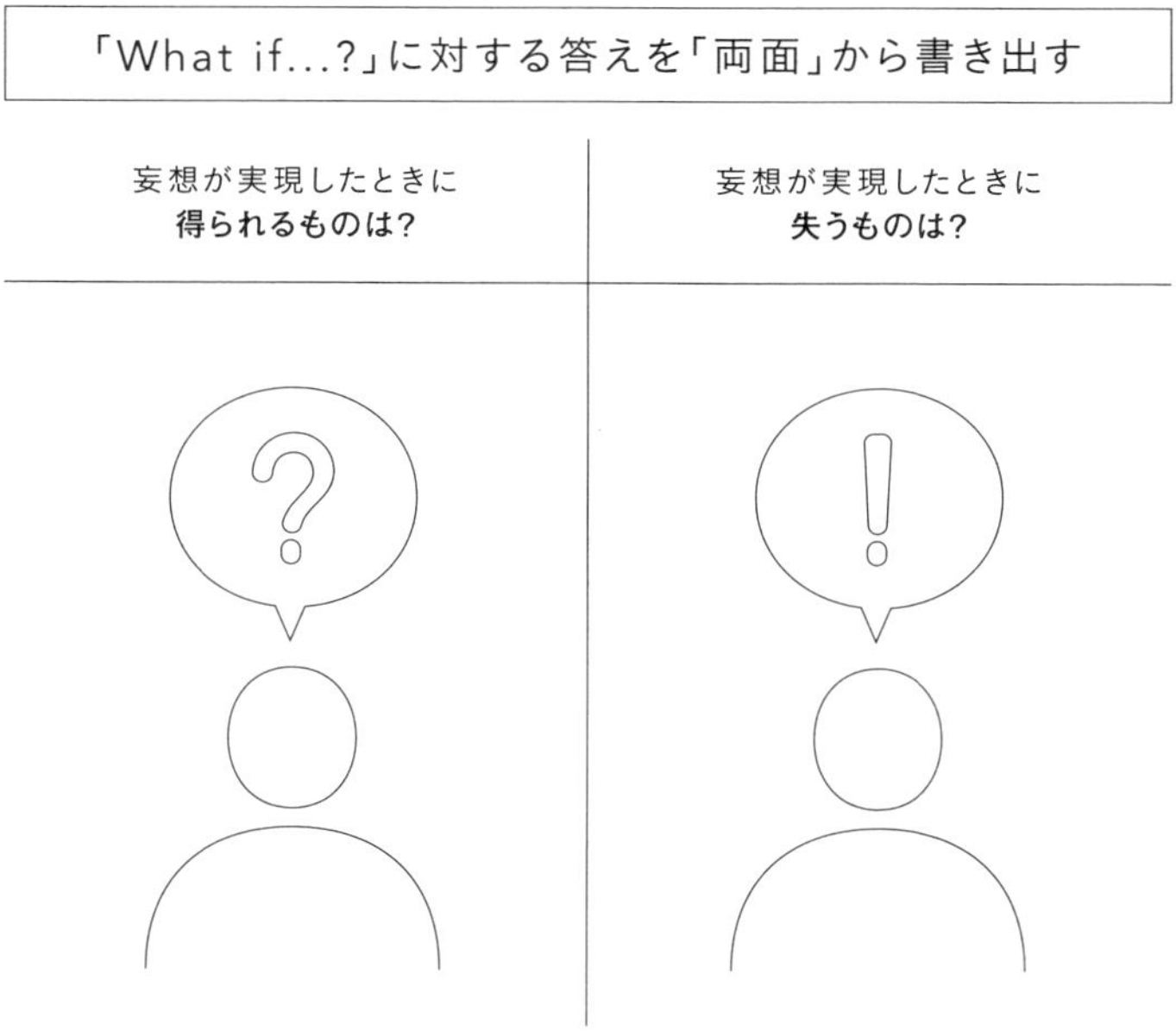
「What if...?」に対する答えを「両面」から書き出す
妄想が実現したときに 得られるものは？
妄想が実現したときに 失うものは？

図2-8: あなたの「妄想」に対する心のブレーキに気づく

えてみよう。妄想クエスチョンのときのようにＡ４用紙の上に大きく「問いかけ」を書き、下の空白を左右２つに区切る。「どうなるか?」の答えのうち、左にはポジティブなこと、右にはネガティブなことを箇条書きしたら、右欄のマイナス面が、本当に純粋によくないことだけなのかを振り返ってみてほしい。

そこからまたさらに妄想が広がれば、それはそれでかまわない。この段階では日頃ついつい「地に足がついた」発想をしてしまいがちな自分を捨てて、なるべく遠くまで思考を「飛ばす」ことを意識してみよう。

NOTE

（1）Loewenstein, G. (1994). The Psychology of Curiosity: A Review and Reinterpretation. *Psychological Bulletin*, 116(1), 75.

（2）北野宏明「Moonshot型の研究アプローチの本質とは」SONYウェブページ［https://www.sony.co.jp/SonyInfo/Jobs/singularityu/interview03/］

（3）OKRとは、目標設定の制度そのものが人材の自律性と創造性を高めるよう、目標管理制度を変える汎用性の高いアプローチ。BIOTOPEでも取り入れている。OKRについては次の書籍がおすすめ。▼クリスティーナ・ウォドキー（二木夢子［訳］。及川卓也［解説］）『OKR――シリコンバレー式で大胆な目標を達成する方法』日経BP社

（4）ゲイリー・ハメル「新時代へ向けた25の課題――マネジメント2.0」『ダイヤモンド・ハーバード・ビジネス・レビュー』2009年4月号［http://www.dhbr.net/articles/-/376］

（5）ティール組織とは、フレデリック・ラルーによって提唱された21世紀型の組織論。つねに進化し続ける目的（Evolutionary Purpose）を持ちながらも、メンバーの全体性と自律性を重視して運営される組織のこと。インターネット時代だからこそ生まれた新たな組織論だと言える。▼フレデリック・ラルー（鈴木立哉［訳］・嘉村賢州［解説］）『ティール組織――マネジメントの常識を覆す次世代型組織の出現』英治出版／こうした目的に応じた組織マネジメントの方法論については、次の記事も参照。▼佐宗邦威「組織の存在意義をデザインする――パーパス・ブランディングを実践するために」『ダイヤモンド・ハーバード・ビジネス・レビュー』2019年3月号

（6）スタートアップの創出と事業運営を支援するソニーのプログラム「Seed Acceleration Program（SAP）」は、さまざまな新プロジェクト誕生につながると同時に、ソニーが全社的に「新たなものを生み出す」というDNA

を取り戻すうえで貢献した。当時の社長による回顧録「ソニー社長『どん底からの復活』を語る 平井一夫」（「文藝春秋」２０１７年10月号）でも冒頭で触れられている。ＳＡＰについては次も参照。［https://www.sony.co.jp/SonyInfo/csr_report/innovation/index3.html］

（7）デザインの世界では「アフォーダンス」という言葉が注目されることがある。これは、アメリカの生態心理学者ジェームズ・ギブソンが提案した概念であり、「環境の側が人間や動物に意味を提示し、行動に影響を与えること」を意味する。たとえば、ガラスのコップは、「冷たい飲み物を注ぐ」という動作を人間に対してアフォード（提示）している。これと同様に、机の上に置かれたまっさらなノートは、「自分モードで書く」という行為を僕たちにアフォードしている。自分の生活環境のなかに「紙のノート」を取り入れることは、「ジャーナリングのためのアフォーダンス」をデザインすることにほかならない。

（8）僕は以前、畳半畳の世界で１週間にわたって坐禅を続ける内観の場に参加したことがある。その際、「すべてのマイナスの感情を書きなぐりながら自分を振り返る」というセッションがあったが、これの効果は抜群だった。つらい日々のなかでがんばっている人は、ぜひ一度やってみてほしい。

（9）たとえば、「年末」は振り返りをするのに最高のタイミングだ。チームメンバーや友人と一緒に行う毎年の振り返りについては、次の記事の方法が参考になる。何を隠そう、この振り返りフォーマットは、同記事の執筆者であるＩＣＪ吉沢康弘氏と毎年の振り返りをするなかで、かつて僕が作成したものである。▼40人のビジネスパーソンが絶賛した『１年の振り返り』完全マニュアル／未来を変えるプロジェクト［https://mirai.doda.jp/theme/looking-back-planning/procedure/］

（10）Papert, Seymour. (1980). *Mindstorms: Children, Computers, and Powerful Ideas*, Basic Books.

（11）Wilky, B. A., & Goldberg, J. M. (2017). From Vision to Reality: Deploying the Immune System for Treatment of Sarcoma. *Discovery Medicine*, 23(124), 61-74.

第3章

世界を複雑なまま「知覚」せよ

Input As It Is

「りんごとオレンジ」（ポール・セザンヌ）——印象派の代表的な画家セザンヌは、生涯を通じて「見ること」に情熱を捧げた画家だった。写実的に描くだけではなく、その人が見えるように忠実に描くという個人の主観性を絵画に取り込んだ。

「シンプルでわかりやすい世界」の何が問題なのか

情報洪水の現代においては、シンプルであること、わかりやすいことは、どこまでも「善」だとされる。複雑な出来事をすっきりとした構図で整理するニュース解説者がもてはやされ、難解で長大な書物を図やマンガに編集した書籍がベストセラーになり、ヘッドラインだけで反応したくなるウェブ記事がバズり、件名や挨拶文を省略したメッセージアプリが人気を博する――そんな時代である。

「このスライド、すごくシンプルだね！」と言われれば、それは称賛を意味するし、上司から「ここはちょっと複雑だなー」と言われれば、それは「修正すべきだ」ということに等しい。パワーポイントなどの教則本にはたいてい、「1スライド・1メッセージが基本」と書かれている。たとえ現実がどんなに複雑だとしても、あえて細部を切り落として加工した「現実」のほうが好まれるというわけだ。

「わかりやすい」というのは、情報がシンプルに咀嚼されていることだけを意味しない。たとえば、自分に無関係な情報がびっしり敷き詰められた「日経新聞」よりも、友人・知人・有名人の近況が並んだTwitterやFacebookのタイムラインのほうを僕たちは眺めてしまう。そのほうがはるかに「快適」だからだ。これと同様、アマゾン上のリコメンド商品には、「読みたい本」「ほしい商品」が並んでいるし、ウェブ上では過去の閲覧行動をもとにした「ターゲティング広告」を見ない日はない。

テクノロジーのおかげで、僕たちは世界をとてもよく見通せるようになったと感じている。複雑で雑多な情報が、整然とシンプルなかたちにまとめられ、すっきりと頭に入ってくる気がする。

しかし、おそらくそれは誤解だ。僕たちが触れている情報は、個人に最適

独自の世界をつくりやすいが、視野は狭くなる

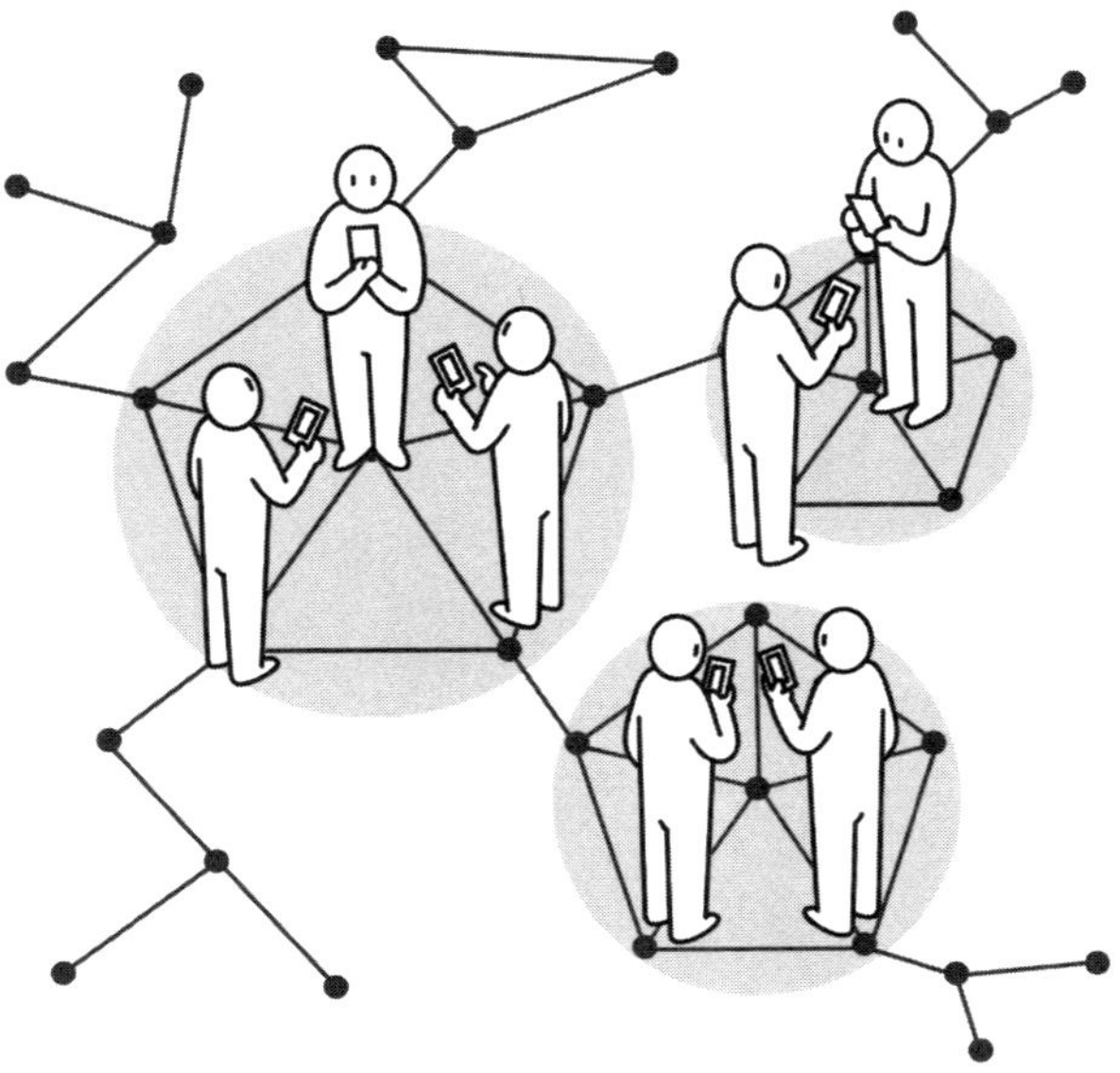

図3-1: 情報のレイヤー化が招く「タコツボ」状態

化された「断片」でしかないからだ。

「シンプルさ」「わかりやすさ」を突き詰めるほど、僕たちの視野は狭まるようになっている。

たとえば、アメリカの大統領選挙でドナルド・トランプの当選を望んでいなかった人たちは、選挙期間中にニュースやSNSを見ながら、「世の中は反トランプ派がほとんどだ。まさか彼が勝つはずがない」と信じていたはずだ。どんなに知能が高い人でも、フィルタにかかる情報を「世界のすべて」だと考えてしまい、視野に入ってこないものは「存在しない」と勘違いしてしまう。だからこそ、大統領選挙のような機会がない限り、自分の世界認識の歪みに気づき得ないのである。

情報のレイヤー化、タコツボ化が招くより大きな問題は、思考や発想の無個性化だ。逆説的なことに、「個人向けにカスタマイズされた情報」に触れれば触れるほど、個人の頭のなかは「ほかの個人」と同一化していき、人と同じようなことしか考えられなくなる。

これがビジネスの文脈であれば、レッド・オーシャンでの血みどろの競争に、個人レベルでは、言い知れぬ停滞感に行き着くことはすでに見たとおりだ。

知覚力を磨くには？
——頭を「タコツボ化」させない方法

そこで注目したいのが「知覚」である。知覚（Perception）とは、単に「熱い」とか「冷たい」といった感覚（Sensation）とは異なる。ヤフーCSO（最高戦略責任者）で脳神経科学者でもある安宅和人氏は、知覚について次のように語っている。

「『知覚』とは非常に簡単に言えば対象の意味を理解することである。もう少していねいに言えば、自分の周りの環境を理解するために知覚情報を統合し、解釈することだ。したがって、たとえばカメラはあくまで記録装置であり知覚しているわけではない。（…中略…）人間は価値（意味）を理解していることしか知覚できない。知覚できる範囲はその人の理解力そのものだ」(1)

同じ情報からどのような意味を「つくる」かは、本来、人それぞれである。たとえば、戦場における兵士の生死を分けるのは、（運の強さを除けば）五感から得られるごく限られた情報や、これまでに学んだり触れたりしたすべてから導き出される判断だ。視力や聴力が優れているだけでもダメだし、ましてや学生時代の成績は「生き残れるかどうか」とはほとんど関係ない。前に進むべきなのか、後ろに下がるべきなのか、それとも物陰に隠れるべきなのか——状況判断の優劣は、情報から独自の意味をつくり出す「知覚力」が左右する。

この意味で、情報のタコツボ化とは、知覚力が失われている状況であり、目隠し・耳栓をされたまま戦場に送り込まれる兵士たちのようなものだ。無線から送られてくる命令に従う兵士たちは、全員が同じような行動を取るしかないため、全滅のリスクが高い。

テクノロジーが与えてくれる「シンプルでわかりやすい世界」のタコツボを避け、「自分視点で考えること」に関心を持つ僕たちにとっても、知覚力は決定的に重要な意味を持っている。自分の奥底から取り出したビジョンを、単なる「妄想」にとどめず、現実を動かすアイデアへと洗練していくうえでは、知覚による統合・解釈のプロセスが不可欠だ。

「手さぐり上手」が生き残る
——センス・メイキング理論

このような能力は、経営・マネジメントの分野でも見直しが進んでいる。

その代表格が、組織心理学者のカール・ワイクが中心となって提唱した「センス・メイキング理論」だ。これは外界の状況を「感じ取り」(Sense)、そのなかから固有の「意味」(Sense)をつくり出す行動モデルだ。

とくに、激しい変化と高い不確実性が渦巻くVUCAの時代においては、組織のリーダーシップには、「意味づけ」が問われている。「いま何が起きているのか」「自分たちは何者なのか」「自分たちはどこに向かっているのか」をリーダーが自分なりに解釈して伝えない限り、メンバーやステークホルダーたちを納得させ、動かしていくことが難しくなっているからである。[2] 限られた情報のなかから「いま戦場で何が起きているのか」「どうするべきなのか」をセンス・メイキング(意味づけ)できる指揮官こそが、多数の兵士の命を救うのと同じだ。

「『単純化しないと理解できない』なんて誰が決めたの？　複雑なものを複雑なまま吸収し、自分の理解をつくっていく——そんなことは赤ちゃんだってやっているのに」

「知覚力を磨く」と聞いて、少し身がまえてしまっている人は、この言葉をよく味わってみてほしい。これは、ネットワーク理論を研究する複雑系科学者の佐山弘樹氏(ニューヨーク州立大学ビンガムトン校教授)から直接聞いて、僕自身もハッとさせられた言葉だ。

周りで起こっている出来事をそのまま感じ取り、それに対して意味づけするというセンス・メイキングのプロセスは、誰もが新生児のときにやっていることである。

目が覚めたら、いきなり真っ白な霧のなかに立っていたとしよう。そんなとき、僕らはまず必死で目を凝らし、何か手がかりになるものを探そうとするはずだ。あるいは、手を差し出して何か触れるものがないかをたしかめたり、声を出して音の反響を調べたりするかもしれない。地面の感触はどうか、風の流れはどうか、温度は変化しているかなど、五感を総動員して「どうやら自分はこういう状況にあるようだ」ということを理解していく。途方もない作業に思われるかもしれないが、どんな赤ちゃんもそのような「手さぐり」を経験している。

しかし、言語の習得や知識・経験の蓄積が進むにつれて、僕たちは知覚力を使わなくても生きていけるようになる。これもまた佐山氏の言葉だが、「視覚障害を持った人のほうが3次元の知覚力が高い」のだという。

視覚を頼りにできない人は、目以外から得られる感覚情報や経験値を解釈して、周囲の環境を理解しようとしている。目が見えている人はそんなことをしなくても、ものにつまずいたりぶつかったりすることがない。そのせいでかえって知覚力が鈍っているというわけである。

センス・メイキングの3プロセス

ここからわかるとおり、僕たちには本来、センス・メイキングないし知覚の力が備わっている。では、その力を取り戻し、鍛えていくのには、どうしたらいいのだろうか？　この能力を分解すると、知覚力は大きく3つのプロセスから成り立っていると言える。

①感知——ありのままに観る
②解釈——インプットを自分なりのフレームにまとめる
③意味づけ——まとめあげた考えに意味を与える

僕らが何かをうまく知覚できない場合は、このうちのどれかが滞っていると思われる。必要なのは、知覚力の障害物を1つずつ取り除き、その能力を再び発現させていくことだ。

まず、前述の視覚障害者の話が示すとおり、豊富な感覚情報を得ている人のほうが、かえって「何かをありのままに感じる機会」が極端に少なくなる。だからこそ、できるかぎり既存の解釈フレームを用いずに、五感全体を使って物事を「よく感じる」「ありのままに観る」ためのトレーニングが必要になる。

さらに、実際に解釈をするにあたっても、いきなり言葉に落とし込まないほうがいい。感知した内容のほとんどをそぎ落としてしまう言語化は、最後のステップにとっておき、その手前に「言葉を使わないで、1つの全体像として解釈するステップ」を用意しておくのである。その際に有効なのが「絵で考える」という手法である。

とはいえ、そのような全体像だけでは思考はドライブしていかない。この全体像に名前をつけて言語化することは不可欠である。ビジョン思考は、言語脳とイメージ脳にまたがった両脳思考だったことを思い出してほし

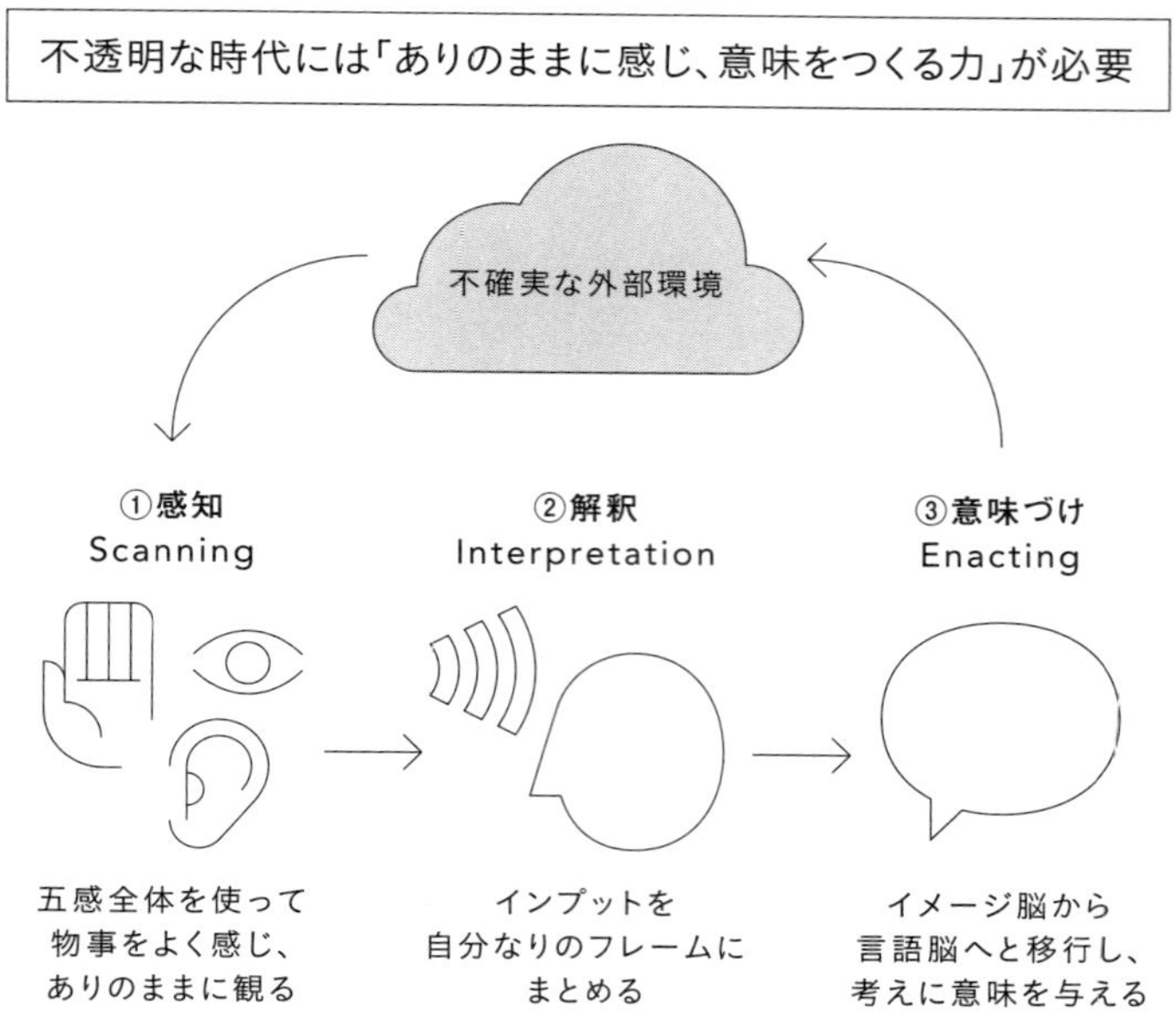
不透明な時代には「ありのままに感じ、意味をつくる力」が必要
不確実な外部環境
①感知
Scanning
②解釈
Interpretation
③意味づけ
Enacting
五感全体を使って
物事をよく感じ、
ありのままに観る
インプットを
自分なりのフレームに
まとめる
イメージ脳から
言語脳へと移行し、
考えに意味を与える

図3-2: センス・メイキングの3プロセス

い。とくに、組織やチームでリーダーシップを取る人は、自分以外の人に思考を「納得」させないといけないため、このステップは不可欠である。

以下では、それぞれの力を磨くための具体的なティップスをお伝えしていくことにしよう。

言語モードをオフにして、ありのままによく見る——①感知

じーっと漢字を眺めていると、それが見知らぬ図形のように見えてくることがある。いつもは一定の意味を持っているように思えた記号から、急に意味だけが剝がれ落ち、奇妙な模様にしか見えなくなる——そんな経験は誰にもあるはずだ。

これは脳のモードの切り替わりとして理解できる。ふだん僕たちが文字に触れるときには、言語脳が前面に出ている。しかし、これがふとしたことでイメージ脳に切り替わると、文字は意味を失い、不思議な線の集まりに見えてきてしまうのである。そして、これこそが「ありのまま」に見ている状態である。

下の絵を見てほしい。これを見た瞬間、アヒルに見えたという人はいるだろうか？　ある研究によれば、その人は言語脳が優勢の人だという。逆に、ウサギに見えたという人は、イメージ脳が優位なのだとか。

また、スマートフォンをお持ちの方は、左側のQRコードにアクセスしてみてほしい。リンク先は、人形がクルクルと回っているYouTube動画である。「時計回り」に回転しているように見える人はRモードの脳、「反時計回り」に見える人はLモードが優勢なのだそうだ（どうやってもモードが切り替わらない人は、右側のQRコードも読み取ってみよう）。

▶http://www.youtube.com/watch?v=SFV6h6MXQkI

▶http://www.youtube.com/watch?v=i-yhtXAzYwc

図3-3: 何に見える？

人によってある種の「利き脳」のようなものはあるというが、脳のモードは決して固定的なものではなく、切り替えが可能である。

デッサンが上手い人というのは、モードの切り替えを意識的に行っている。正確なデッサンができる人は、イメージ脳を維持し、見えているとおりにそれを写し取っているのである。とはいえ、「見えているとおりに描く」というのは思いのほか難しい。多くの人は、絵を描いているときにも言語脳に切り替わり、「あるがままに見る」のを邪魔されてしまう。

下図は僕が10年以上前に絵を描くワークショップに参加したときの自画像だ。左側がワークショップ開始時点に描いたもの、右側がワークショップ参加後に描いたものである。

ここで注目してほしいのは、絵が上手いか下手かという差ではない。それぞれの絵を描くときに、僕の視覚がどの

図3-4:　著者の自画像(左:ワークショップ参加前／右:ワークショップ参加後)

ように変化しているかに注目してみてほしい。

どちらの絵を描くときも、僕は鏡を使って自分の顔を見ていたわけだが、左側の絵では大して視覚を使っていないことがわかる。たとえば、メガネが真っ黒に塗られているが、それは視覚の代わりに「メガネ＝黒縁」という「理解」を使ってしまっているからだ。しかし、ワークショップで学んだあとに、メガネをよく観察してみると、一部で光が反射していることに気づいた。その結果、右側の絵ではメガネに白い部分が入っている。[3]

要するに、両者の違いをつくっているのは、情報のメッシュ（網目）の細かさである。どれだけ細かくインプットできているかの差が、絵としてのアウトプットの差になって現れているのだ。実際、そのワークショップでは絵画の技

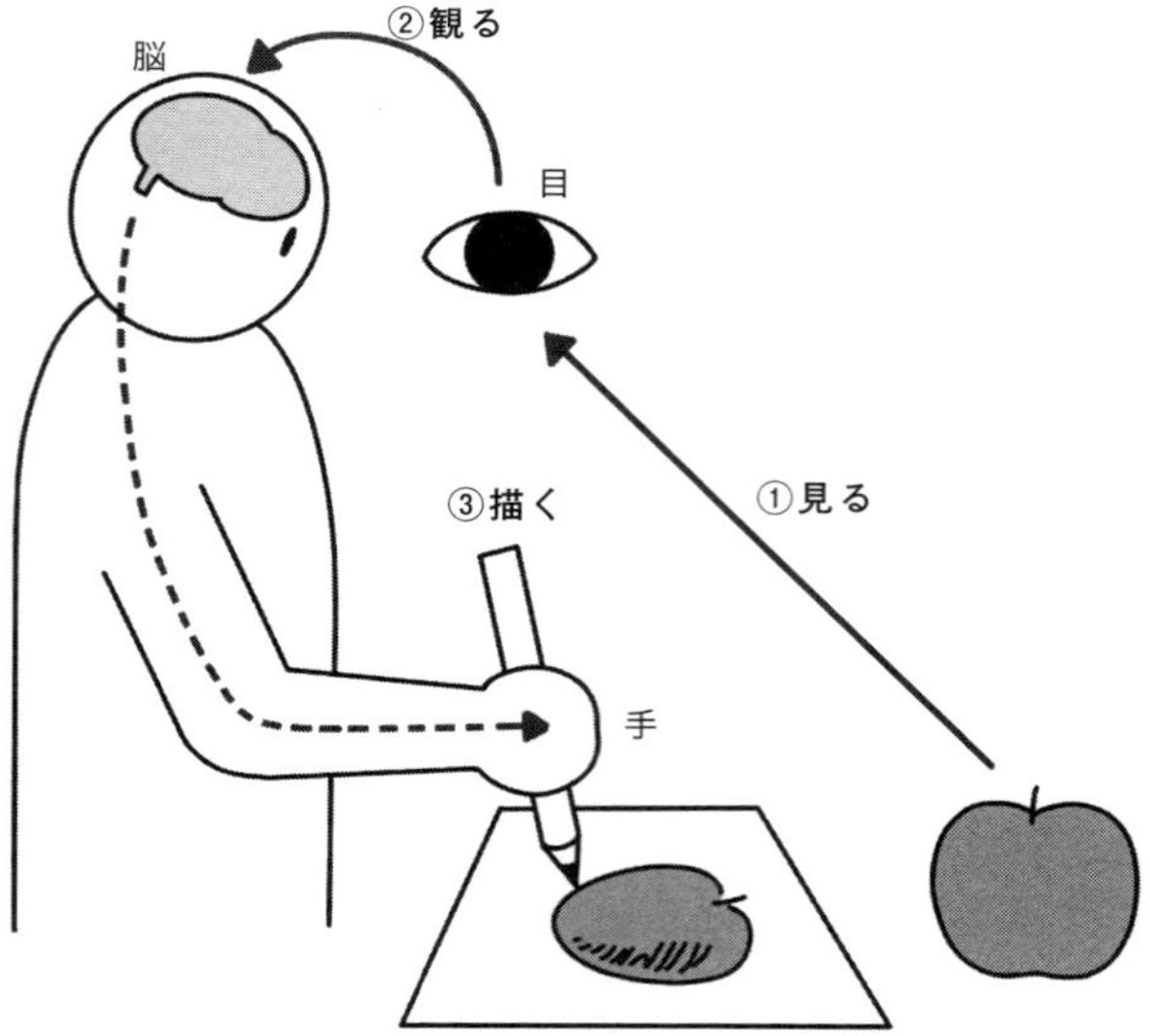

図3-5: デッサンが上手い人は、何をしているのか？

法についてのレクチャーは皆無で、教えてもらったのはあくまでも「対象物をよく観ること」「見えたままを写し取ること」だけである。

僕自身、このワークショップを受けるまでは、自分はいわゆる「絵心」がない人間なのだと思っていた。しかし、絵が苦手な人の半数以上は、「ありのままに観ること」でつまずいているに過ぎないのだそうだ。だからこそ、「ありのままに観る」ためのトレーニングを積めば、ある程度のレベルまではたちまちデッサン力を引き上げることができる。以降では、こうした変化を体験いただけるエクササイズをいくつかご紹介しよう。

CLUE

「ペットボトルスケッチ」でモードの切り替わりを体感

鉛筆と消しゴムに加え、紙を用意する。できればA3サイズ程度の大きなスケッチブックなどがいいだろう。知覚の解像度を高めたければ、なるべくキャンバス(余白)は大きいに越したことはない。このあとのエクササイズでも、スケッチブックはよく登場するので、ぜひ一冊用意しておくことをおすすめする。

さらに、ペットボトル入りのミネラルウォーターを1本買ってくる。パッケージラベルは剝がして、透明な状態にすること。用意ができたら、まずはペットボトルを描いてみよう。

このときのポイントは何も見ないで、さっとスケッチを行うことである。買ってきたペットボトルは隠しておき、想像のなかで思い出しながら鉛筆を動かしていく。制限時間は2分。スマホのタイマーなどを使うといいだろう。

次に、真っ白なページを用意して、もう一度ペットボトルを描いていく。ただし今度はペットボトルを「よく観る」こと。まず1分間くらいは手を動かさず、じっくりと観察する時間を取るようにする。

水のペットボトルは、じつはメーカーによってかなり異なっている。その形状はもちろん、光を反射しているところや暗くなっているところをよく観察し、見えたままをしっかり写し取っていくことを意識してみよう。決して「だいたいこんな感じだろう」と想像で補わないようにし、自分の目がどんな情報を受け取っているかにフォーカスする。形状を再現するときは、鉛筆を添えたりして、長さを測ってみたりしてもいい。

とはいえ、スケッチそのものが目的ではなく、「イメージ脳で見る」ためのエクササイズなので、絵を完成させようと必死になる必要はない。だいたい10分間くらいで時間を区切るといいだろう。

最後に2つの絵を見比べて、視覚情報があるかどうかによって、アウトプットの質がまったく異なることを体感してみよう。

CLUE

言語脳を遮断する「逆さまスケッチ」

センスを磨くうえで、美術館などでのアート鑑賞が効果的だということは、すでに多くの人が指摘していることだ。さらに、感性だけでなく独創性をも高めたい人は、芸術作品を模写するといい。作品をじっと見ることは、技術を学ぶ、多くの視点を学ぶ、自分の考えを深めるなど、複合的な効果がある。

芸術に関する認知科学的・心理学的研究を行う東京大学の岡田猛教授らによれば、非美術系の学生をいくつかのグループに分けて実験を行ったところ、事前に芸術作品の模写をしていたグループは、対照群と比較してより独創性の高い作品を生み出したという。(4)

とはいえ、やはりいきなりプロの芸術家の作品をコピーするというのは、なかなかハードルが高いだ

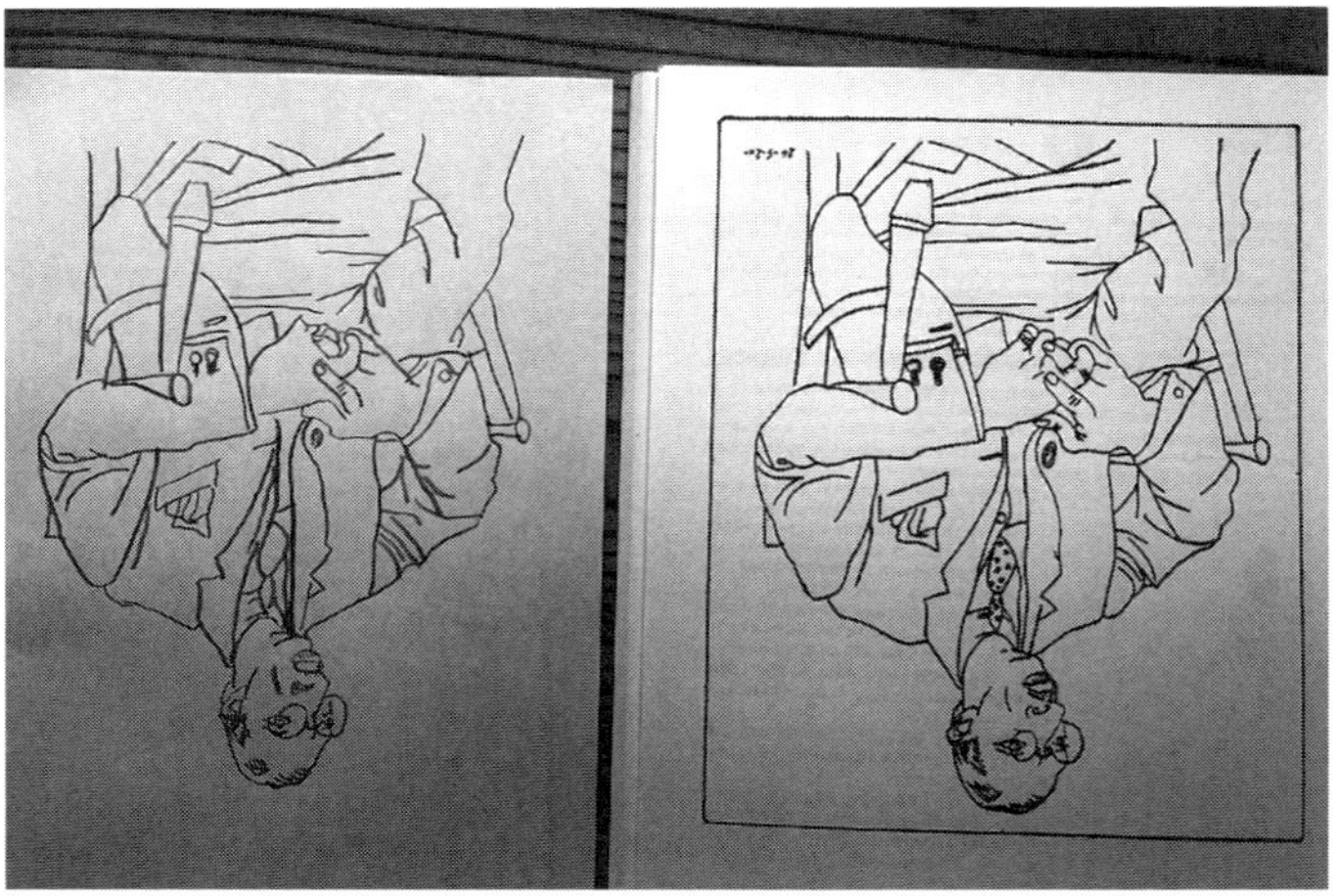

図3-6：逆さまスケッチ（ピカソのデッサン画）

ろう。そんなときに、オススメなのがこの「逆さまスケッチ」である。

好きな絵画作品を選んだら、これをまずは逆さまにしてみよう。漢字をじーっと眺めているうちにゲシュタルト崩壊が起きて、意味のない模様に見えてきたのと同じように、その絵画も意味のない線や色の集まりに見えてくるはずだ。目に見えたものが既知のカテゴリーで理解できるとき、僕らはすぐに言語脳になってしまう。つまり、正立したこの絵を見る限り、これはやはり「男性」に見えてしまう。

しかし、これを倒立させてしまえば、意味を壊すことができる。イメージ脳のまま、これを線の集合として見て、「見えたまま」を描き写してみよう。このやり方だと、意外と模写がうまくいくはずだ。

模写の対象は、漫画キャラクターの画像などでもいい。お子さんがいる人は、絵本や漫画を逆さまにして、絵をなぞってみる練習を一緒にやってみるといいだろう。子どもの邪魔が入るかもしれないが、お互いにとって効果的なトレーニングになるはずだ。

CLUE

1日をイメージ脳で過ごす「カラーハント」

ここまではどちらかというと「形状」に注目してきたが、「色彩」に関する感度も、トレーニングによって高めることができる。僕らはあたりまえのように色のなかで生きているが、Lモード（言語脳）がオンになっているあいだは、たいていのものを抽象化して捉えており、色彩のちょっとした差などには注意が向いていない。そこに意識を向けるだけでも、知覚力を高めるのに役立つ。

そんなときに試してほしいのが「カラーハント」だ。占いのラッキーカラーでも、なんとなくの気分でもいいので、まずは朝に「その日の色」を決める。たとえば「赤」にしたら、家のなか、通勤中、ランチタイム、オフィスなどなど、あらゆるところで赤いものを探し、見つけたときにスマホで写真を撮るようにしよう。

スマホのなかに「色別のアルバム」を作成し、そこに写真データをストックしていくといい。Instagramをやっている人は、「#colourhunt」「#red」などのハッシュタグをつけて、アルバムをつくってみても管理しやすいだろう。ストックした写真を眺めていると、ひと口に「赤」と言っても、彩度や明度にかなりの幅があることに気づくはずだ。カラーハントによって「つねに色を探している状態」を習慣づけると、日中にもイメージ脳を入れっぱなしにしておくことができる。やや上級者向けだが、撮影した写真の色を解析して、カラーパレットとして抽出するといったテクノロジーも出ている。こうしたものも利用してみよう。

- □ Adobe Capture CC ——iOS版もAndroid版もある無料のスマホアプリ。色だけでなく形状などの解析もできる
- □ color hunter ——一定の色を含む写真を検索できるほか、自分でアップした写真の色を解析して、HTMLカラーコードに変換できる [http://www.colorhunter.com/]

「箇条書き」ではなく、「絵」にして考える——②解釈

イメージ脳を入れっぱなしにして、「外界の情報をありのままにインプット→アウトプットすること」がわかってきたら、センス・メイキングの次のプロセスは「インプットの解釈」だ。

五感を通じて得た情報を、自分なりの視点で解釈するには、「自分の頭のなかをありのままにアウトプットして考えること」にも取り組んでみるといい。一般にアウトプットというと、箇条書きのメモやスライド作成などを考えてしまいがちだが、この段階では「言葉」を使わずに、「絵で考えて、絵に描き出す」のが有効だ。といっても、決して難しいことではない。要は「落書き」をすればいいのだ。

スタンフォード大学の「両脳思考」の基礎をつくったロバート・マッキムは、創造的な問題解決の核心として、「見ること」「イメージすること」に加えて「描くこと」を挙げている[5]。

また、かのアインシュタインも、思考の初期段階では主に視覚的なイメージを使っていたと言われている。彼のノートをひもとくと、最初はラフな図形などの走り描きがあり、そこから数式や言葉が続くようになっているという。彼だけでなく、いわゆる天才と言われる科学者たちは、具体的な発見に先立って、必ず「絵」を描いている[6]。

ここからもわかるとおり、これらのスケッチは、すでに成立しているアイデアを記録するために描かれたものではない。そうではな

創造的な問題解決には「手を動かして描くこと」が不可欠

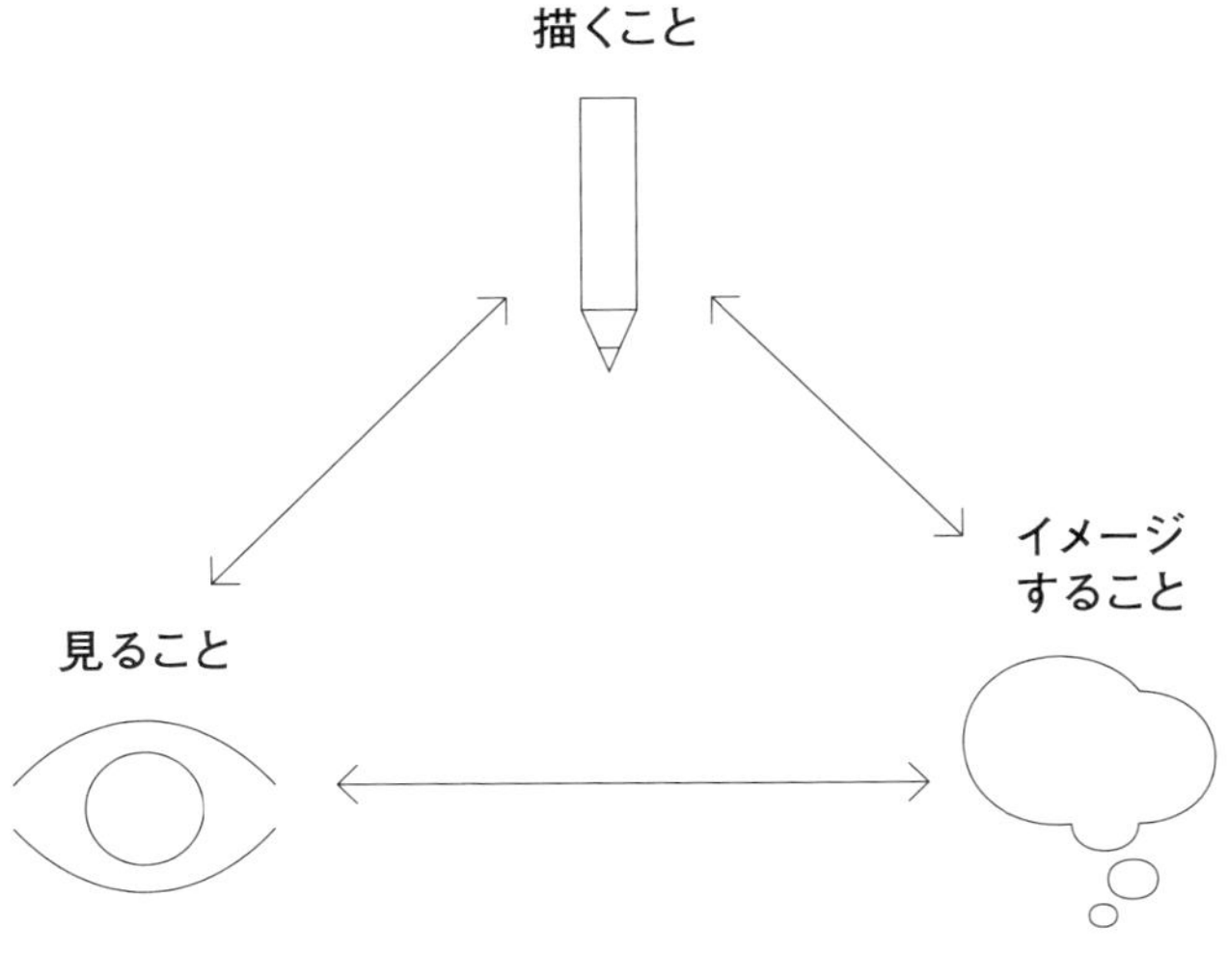

図3-7: 両脳思考のベースにある3プロセス

く、頭のなかにある「まだ輪郭のないモヤモヤ」をスケッチしてみること自体が、考える手段になっているのだ。

曖昧であっても、まとまりがなく断片的であっても、とりあえずは図・絵のかたちで自分の外部に表出する。そうして紙の上に表れたスケッチをもう一度、外から客観視するなかで、新しい「発見」を得ていくのである。

実際、プロのデザイナーとデザイン専攻の学生を比較したある研究によれば、プロはいったん自分がアウトプットしたものを当初の意図に縛られることなく、客観的に再解釈する能力に長けているという。[7]

このとき、いきなり箇条書きなどのかたちで言葉にしてしまうと、思考はそれ以上先に進まなくなってしまう。モヤモヤとした思考を、モヤモヤとした視覚情報にそのまま落とし込むことが重要なのである。以降はそのためのエクササイズである。

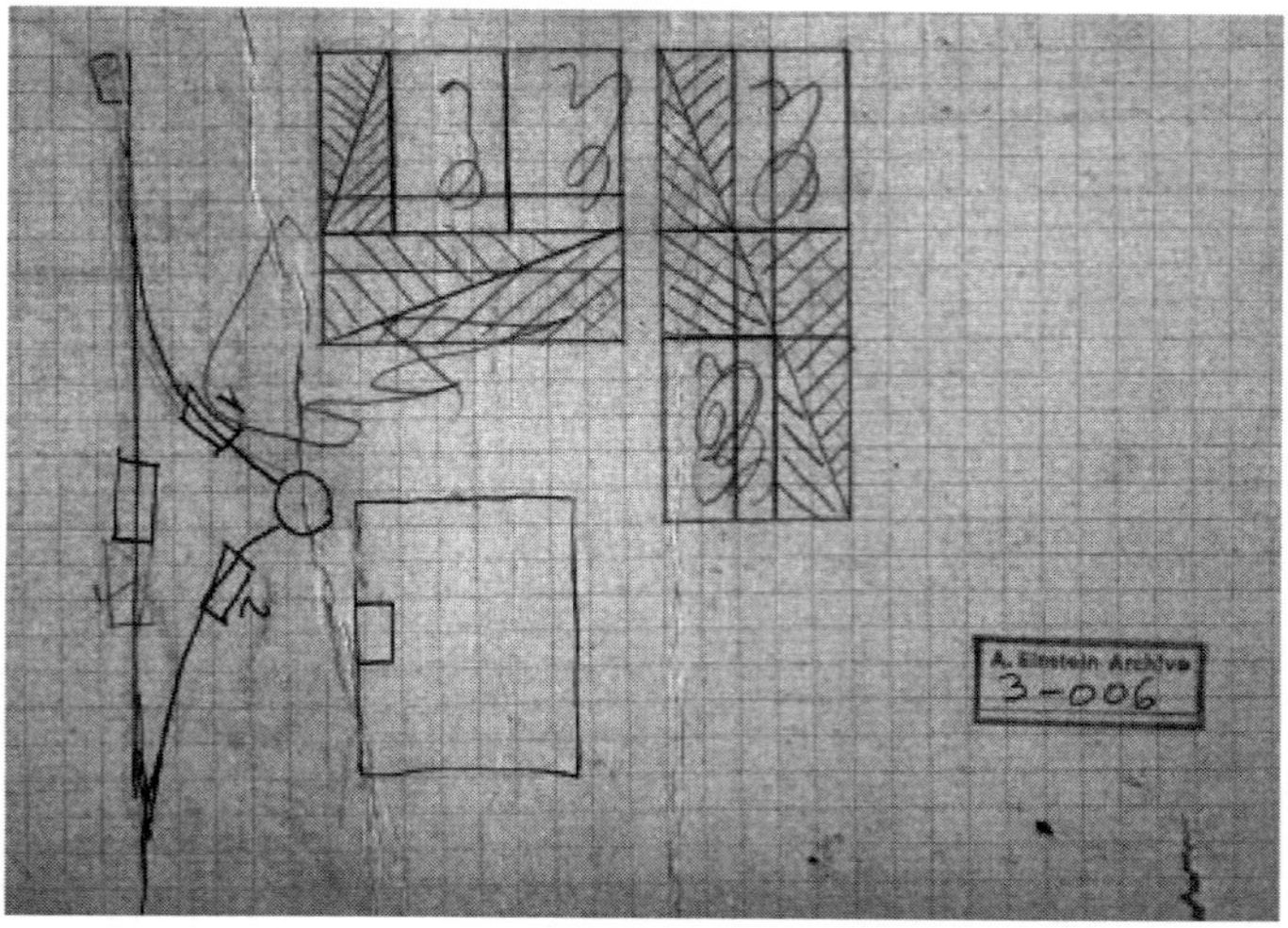

図3-8: アインシュタインのノート[8]

CLUE

妄想を1枚の絵にする「ビジョン・スケッチ」

あなただけの「妄想（ビジョン）」を、1枚の絵にまとめてみよう。用意するのはA4のコピー用紙1枚とスケッチブック。

使用する妄想は、「1000億円を手に入れたら？」のような「妄想ジャーナリング」（119ページ）を下敷きにしてもいいし、「ひみつ道具プロトタイプ」（123ページ）で考えた具体的プロダクトがあったりすると、絵にするのが楽しくなるだろう。

まずはA4の紙のほうに、ラフなスケッチをしていこう。最初に浮かんできたもの、大事そうなものは、真ん中に大きく詳しく描く。その場所はどんな場所か、どんな人がどんな表情をしているかなど、周りの状況もざっと描き込む。いくつか

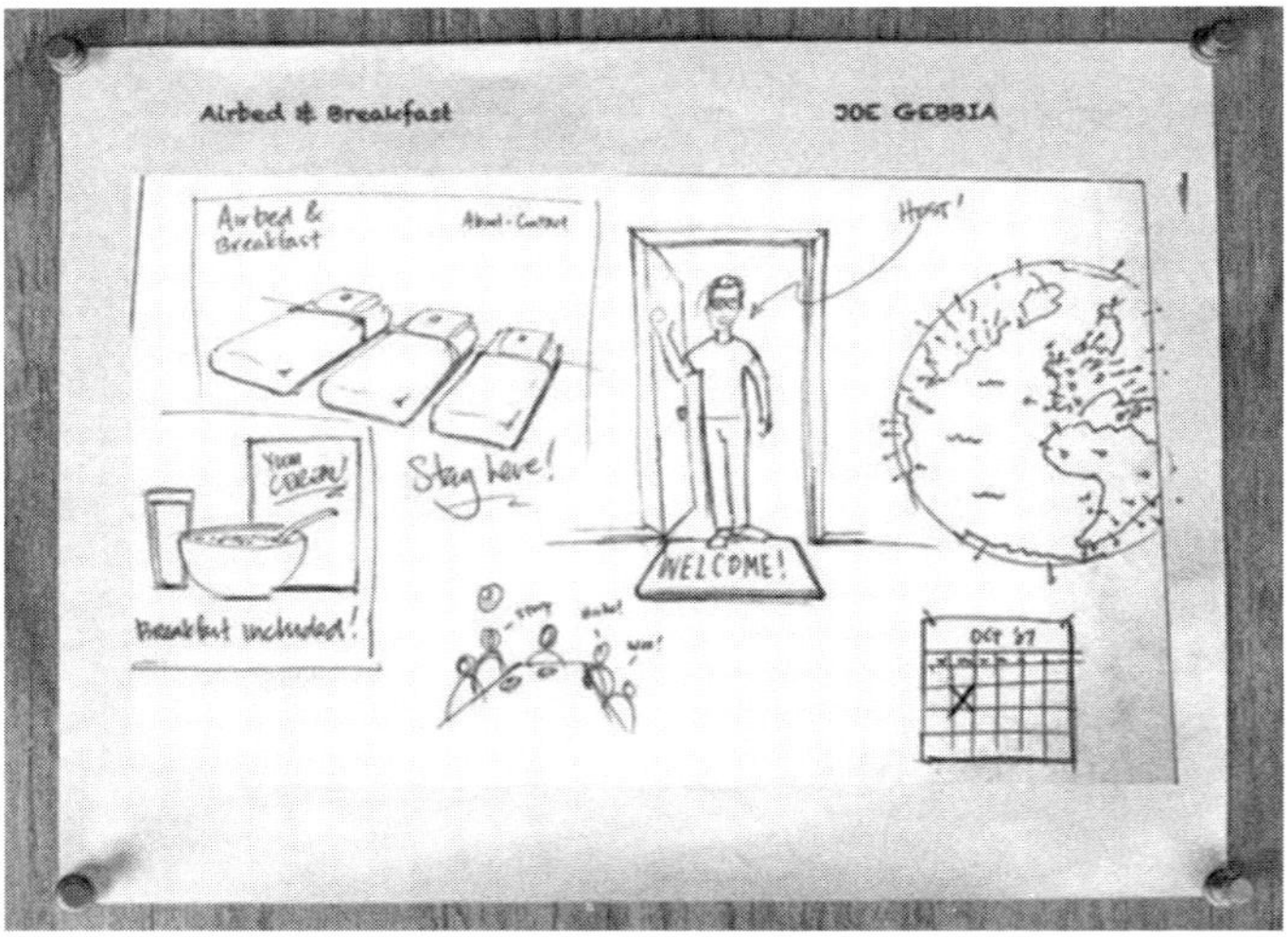

図3-9: 妄想を1枚の絵にする「ビジョン・スケッチ」(11)

のシーンが浮かんできた場合は、それらを周囲に描く。

Ａ４用紙のほうはあくまでも下書きなので、消しゴムなどは使わずに、思いつくままに鉛筆を動かしていこう。言うまでもないことだが、人に見せるわけではないので、うまく描こうとする必要はない。自分の頭のなかにあるものを、そのままイラストにすることを、第一の目的にしよう。

あらかた描き終えたら、今度はスケッチブックのほうに清書してみよう。こちらも鉛筆描きでかまわないが、メインとなる部分は太めのサインペンを使って輪郭をなぞると、イラストにメリハリがついて満足度が上がるので、ぜひ試してみ

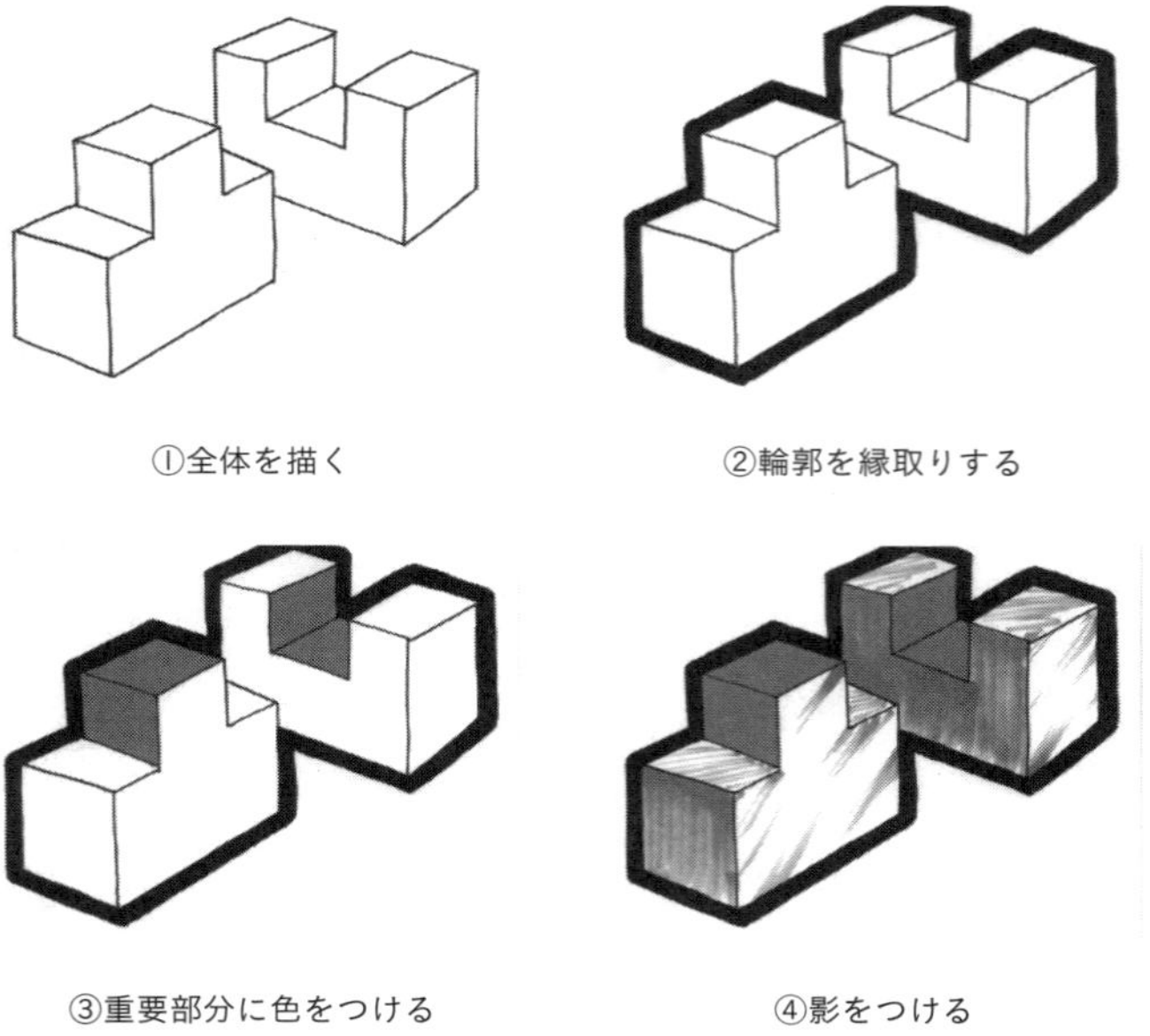

①全体を描く
②輪郭を縁取りする
③重要部分に色をつける
④影をつける

図3-10: 誰にでもできるスケッチのコツ(9)

てほしい。

すでに述べたとおり、ビジョン思考においては、いきなり完成品をつくろうとせず、未完成のプロトタイプを何度もつくり直すサイクルが重要になる。必ず、1回描いて終わりにせずに、最低でも「下書き→清書」の2サイクルを回すようにすると、モヤモヤとしていた発想がよりはっきりと輪郭を持ちはじめるのを実感できるはずだ。

絵を描くことに苦手意識があるという人は、テクノロジーに手を借りることも検討してみよう。

Google AutoDrawは、こちらが描いた手書き線のパターンを人工知能が解析し、適当なイラスト画像を自動的に提案してくれる無料サービスである。触ったことがない人はぜひ試してみてほしい。オリジナリティなどの点ではまだ期待できないが、かなり驚かされるはずだ。

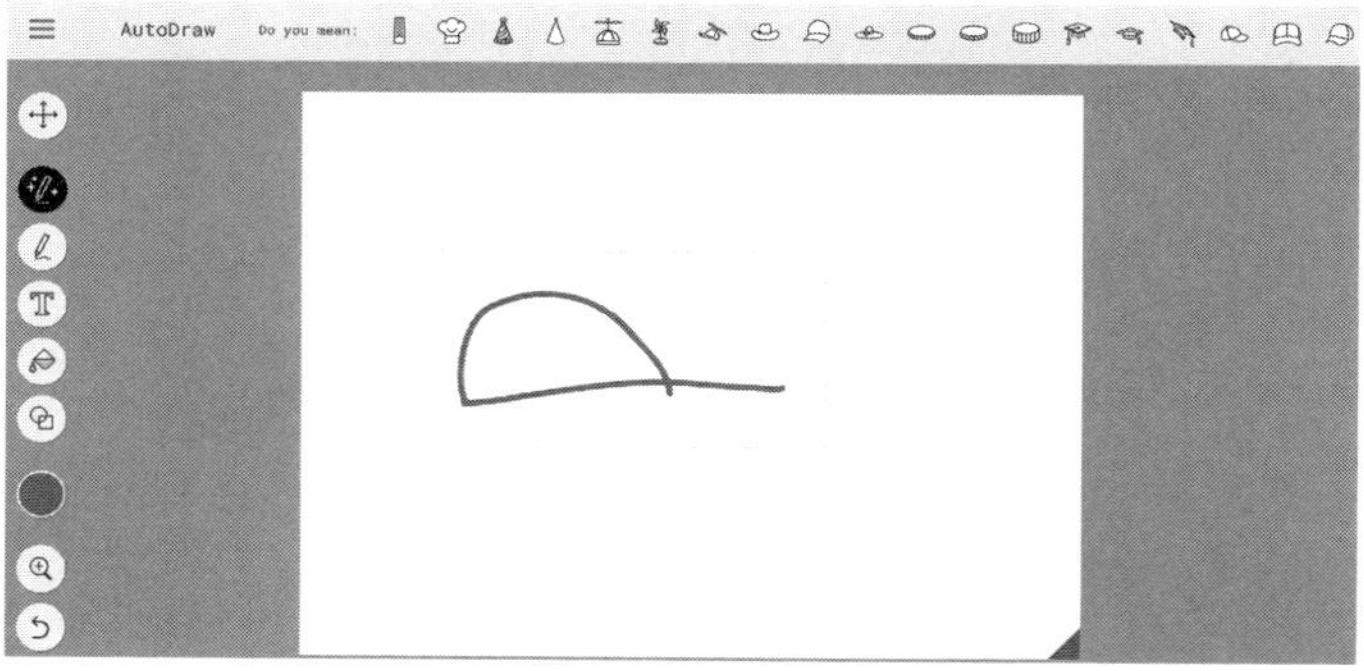

図3-11: Google AutoDraw (https://www.autodraw.com/)

CLUE

「1単語・1イラスト」の視覚化トレーニング

「頭のなかにあるものを絵にする」ということに特化するなら、この方法がおすすめだ。紙とサインペンを用意したら、単語をランダムに選ぼう。パッと思いついた言葉でもいいし、いま読んでいる本や国語辞典を適当に開いて、そこから単語を拾ってもいい。英単語などで試してみても面白いだろう。

あとは簡単。その単語を表す絵を描いていくだけだ。なるべく悩まず連想したものを自由に描いて、とにかく手を動かし続けることを意識しよう。スペースを活用する、線の太さを変える、濃淡を工夫するなど、表現手段に関してもいろいろな発見があるはずだ。ポストイットなどに描いてスケッチブックに並べて貼っておくのもいい。

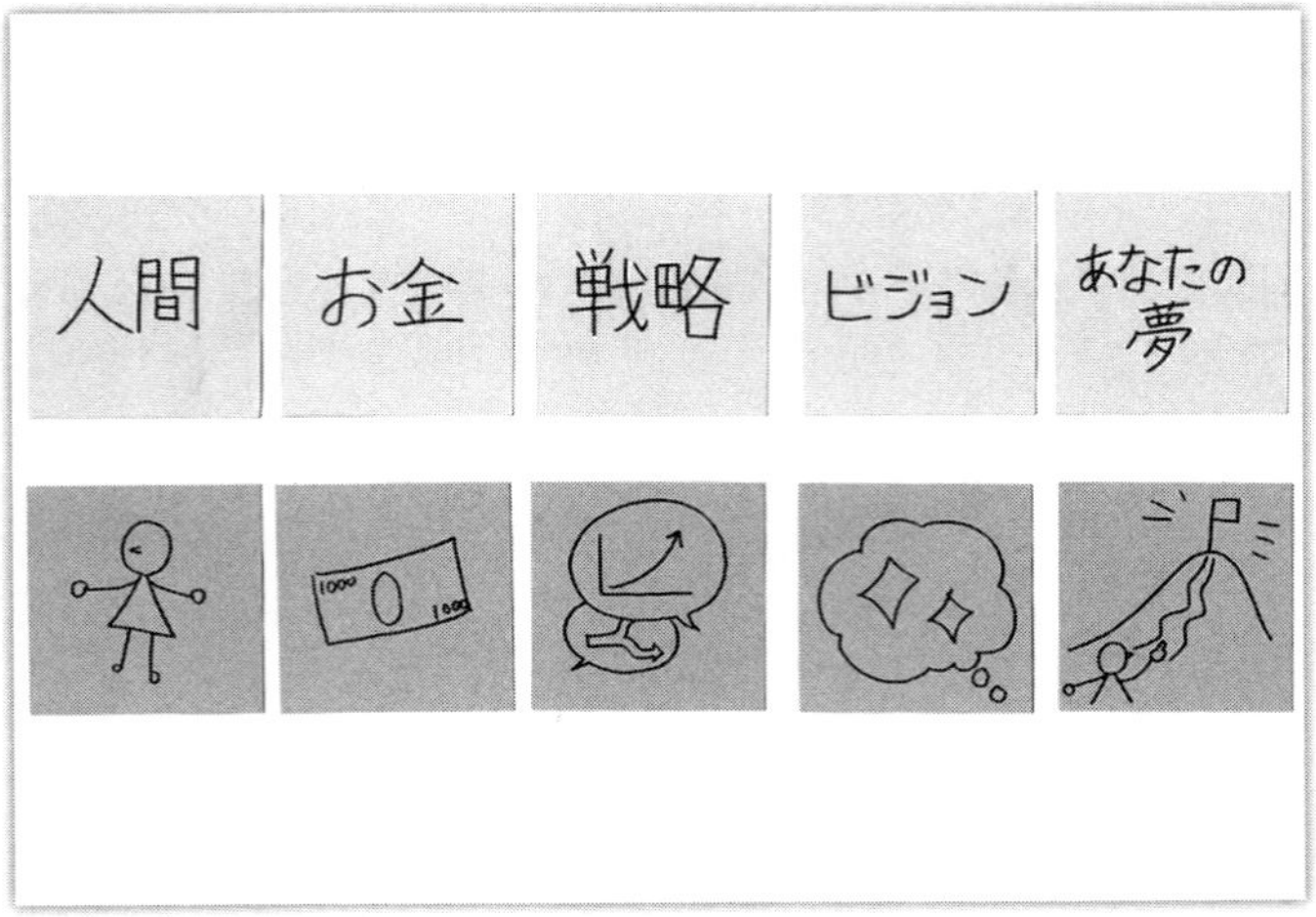

図3-12: 単語をイラストにする視覚化トレーニング

ふだんあたりまえのように使っている言葉も、絵で表現すると、「意外な自分だけの視点」が見えてくる。ワークショップなどで「戦略」という単語をビジュアル化してもらうと、「選択肢」のようなものを描く人もいれば、「競争状態」を描く人もいる。言葉を絵にすることで、自分の無意識のなかに入り込んでいるバイアスに気づくきっかけにもなる。

2つのモードを往復し、「意味」をつくる――③意味づけ

センス・メイキングの最後のステップは、自分なりの解釈に「意味」を与えることだ。個人のイメージでとらえている世界を、他人と共有するには、やはり「言語化」が欠かせない。このとき参考になるのが、「画像」と「言葉」とを往復する思考法である。

膨大な量のトレンド写真を収集し、壁に貼り出してタグ付けを行いながら、新たなイノベーションの種を洗い出すといったことは、欧米のデザインファームではかなり一般的に行われている。戦略デザインファームを経営する僕も、ブランドデザインなどの案件で依頼があった場合には、その企業の人たちとともに、ビジュアルカードを使ったトレンドリサーチを行う。日本国内や時

には海外の最先端事例のさまざまなライフスタイルを象徴する写真を集めてカード化し、写真からヒントを得ながら新たなアイデアを考えるのである。

僕がこうした手法を初めて体験したのは、ソニー時代にグローバル戦略プロジェクトに関わったときのことだ。このときのリサーチは、フィールドワークからスタートした。想定するユーザーの自宅に滞在させてもらい、その人のライフスタイルを肌身で実感するなかで、生の情報を蓄積していくのである。

このプロジェクトで印象的だったのは、情報量の膨大さである。1回の現場リサーチでは、インタビューノートだけでもかなりの量になるが、写真データも200枚近くになる。これを持ち帰って分析するとなったとき、やはり視覚を用いた思考の力を実感した。

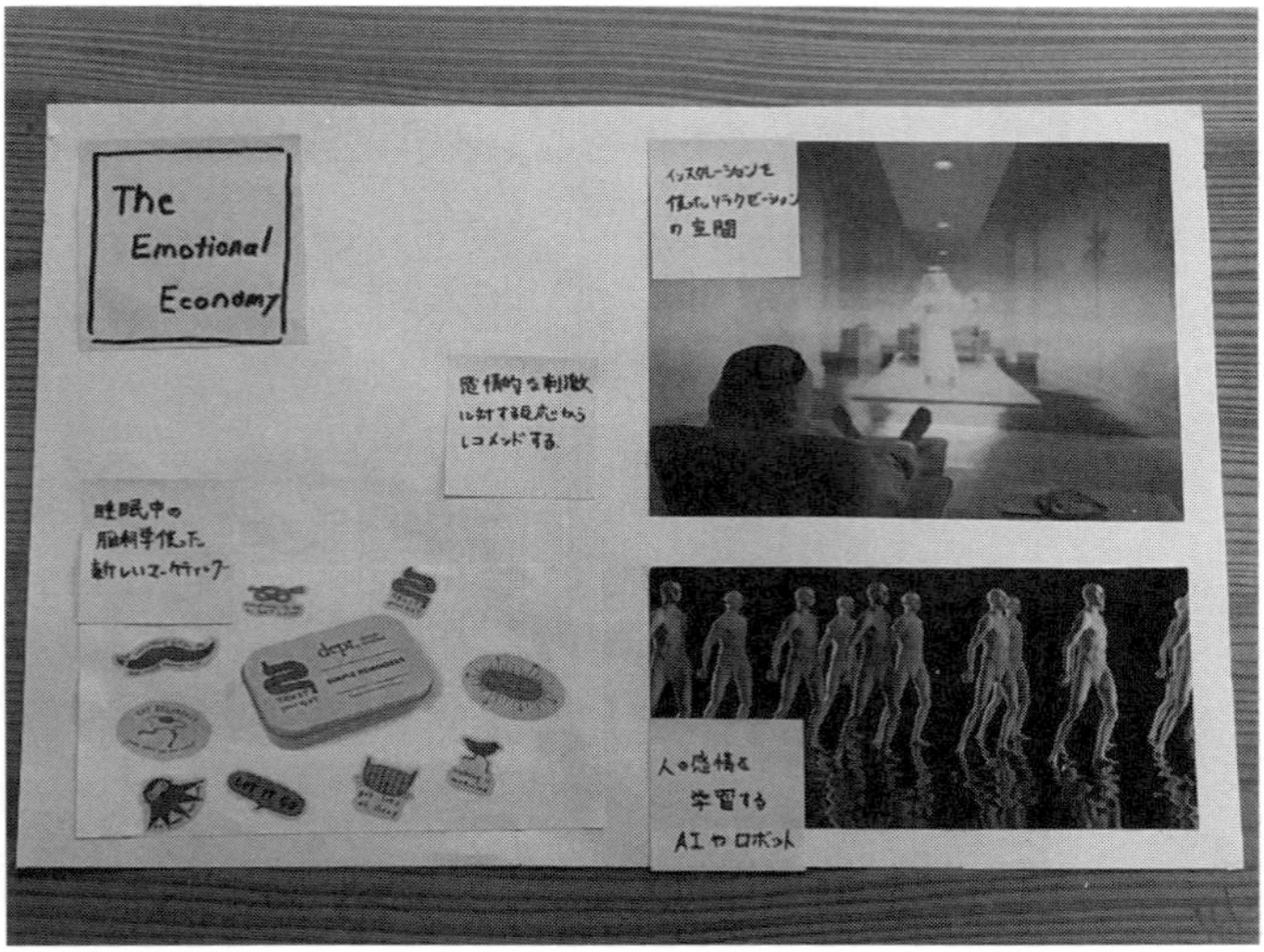

図3-13: 写真から隠された兆しを読み解くトレンドリサーチの例

写真をすべてプリントアウトし、それを大きなボードに貼りつけながらディスカッションを行ったところ、自分の理解の質も、チームの議論の具体性も大きく向上したのである。あそこまで膨大な情報を、パワーポイントの箇条書きやエクセルの表にまとめていては、なかなかそういうわけにはいかなかっただろう。

しかし一方で、これを具体的なプランに落とし込んでいくときには、やはり「言葉」に頼らざるを得ない。視覚的な情報は、思考を「発散」させるうえでは非常に有効だが、議論を「収束」させていくときには、言語情報へと圧縮する手続きが必要になるのである。

そういうときには、写真をいくつかのグループに分けたり、上下に配置を工夫したりしたあとに、ポストイットにキーワードを書き込んで近くに貼りつけていく。そうすることで、それぞれの写真が持っていた意味合いが明確になってくる。そのなかで新たな発見が出てきたら、写真の配置を構造化したりしながら、新しいポストイットを貼りつけて、より一層まとまりを明確にしていく。

ここで重要なことは、２つある。

①まずは視覚だけからスタートする
②言語と視覚を往復する

必ず写真の視覚情報を先行させるようにし、その段階では言語の要素がなるべく混入しないようにするといい。しかし、それだけでは思考や議論が散らかったままで終わってしまう。必ずポストイットにキーワードを書いたりして、視覚情報に「境界線」を入れていくことが必要になる。

ただし、それだけで満足しないこと。整理が進んできたら、再び視覚モードで見返し、新たな気づきがないかを試してみる。言語とイメージを行ったり来たりすることが大切なのである。以降では、「視覚情報」を「キーワード」に落とし込むためのかんたんな練習法をお教えしよう。

CLUE

モード切り替え力を高める「クラウドハント」

すでに紹介した「逆さまスケッチ」は、無意識のうちに言語脳がオンになってしまうのを防ぎ、なるべくイメージ脳のまま対象をインプットすることを目的にしていた。それとは逆に、ここでは視覚インプットからスタートして、意図的に言葉に落とし込む訓練をしてみよう。まずは次ページの絵を見てほしい。

このまばらな点と線を見たとき、ヘビやキツネが見えたという人は、かなりモード切り替えが得意な人だろう。一見すると無意味な図形だが、脳が勝手に補助線を加えて、一つのゲシュタルト（全体像）を構成し、「これはヘビだ／キツネだ」という解釈を可能にしているわけだ。

視覚から言語へのスイッチ力を磨きたいときにおすすめなのが、「クラウドハント」だ。子どものころに雲を眺めて、「あの雲、恐竜みたいだなあ」などと思った経験は、誰でもあるはずだ。それを日常のなかに組み込むのである。

次ページの2つの雲は、空を見上げたときにハッとして、思わず撮影したものだ。

書いてしまうと興ざめかもしれないが、それぞれ「ハート」と「龍の横顔」が僕には見えた。何かかたちを見つけたら、心のなかで思うだけではなく、必ず具体的な言語化のプロセスを入れるようにしよう。そのためにはスマホで写真を撮り、Instagramなどで「#cloudhunt #ハート」とか「#クラウドハント #都心に現れた紅龍」などとハッシュタグをつけてみるといい。

大人になると、なかなか空を見上げることもなくなる。忙しい日々のなかで、ふとしたときに「知覚のキャンバス＝余白」をつ

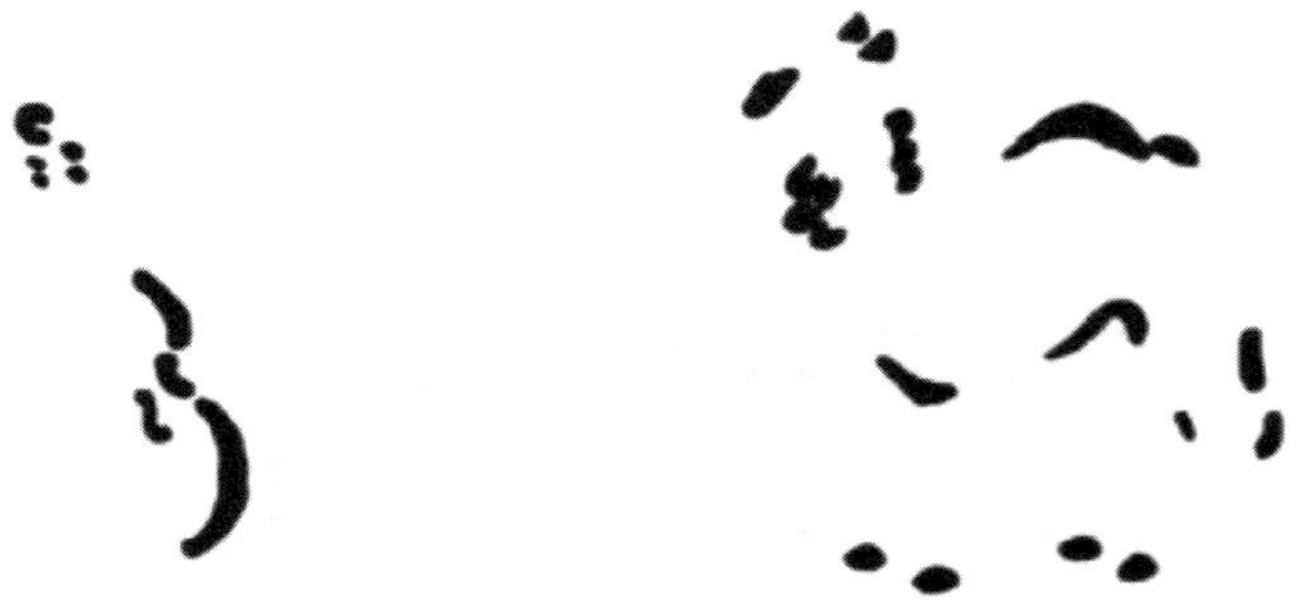

図3-14: 何かが見えてくる？(10)

くるという意味でも、一石二鳥のエクササイズである。

CLUE
知覚力を磨く「ムードボード」

先ほどご紹介したビジュアルカードを用いたトレンドリサーチを、模擬的に体験してみよう。1週間ほど期間を取り、毎日、気になったものを写真に収めてみる。ほしいと思った服、木陰で休んでいるハト、神経を逆撫でされた電車の中吊り広告、おいしかった定食屋さん、新発売のチョコレート、かっこいいクルマ、夕暮れどきの街並み……

図3-15: クラウドハント（著者撮影）

気になったものなら何でもいい。

それらのうち、とくに気になった8枚程度をプリントアウトし、スケッチブックの上に並べてみよう。写真がグループ分けできそうなら、大まかにまとめて配置し、写真をすべてスケッチブックに貼りつける。

次に、正方形のポストイットを用意し、それぞれの写真のどこが気になったのかを言語化していく。文章にするよりは、Instagramのハッシュタグのように、なるべくキーワードの箇条書きがいい。

最後に、全体を眺めながら、自分の関心がどういうところにありそうか、これまでアウトプットした「妄想」とどんな接点がありそうかといったことも振り返ってみよう。デザインの業界ではこれを「ムードボード」と呼び、アイデアを組み立てていくのに使うが、あなた自身の「ムード」を可視化するのにも役立つはずだ。

できるだけプリントアウトした写真でやってみるのが望ましいが、なかなか大変だという人は、デジタルな形式でムードボードをつくれるサービスもある。

□ Niice——iOS版、Android版のほかブラウザ版もあり。PDFとしてダウンロード可能。
[https://niice.co/]

知覚力を高めるうえでは、視覚（Visual）だけでなく、体感覚（Kinesthetic）や聴覚（Auditory）のスイッチもオンにすることを意識したほうがいい。日々のなかで、心が動いたものを写真に収めるという習慣は、何気なく素通りしてしまうものの前で立ち止まる訓練になるはずだ。そうやって立ち止まる「余白」をつくれたら、周囲の雑音や話し声、温度・湿度、地面の感じ、人々の歩調などにも、ぜひ気を留めてみよう。

そのためには「散歩」や「街歩き」が最良の習慣である。健康のためのジョギングもいいが、そうした特定の目的を持たずに、ふらふらと歩いてみる「余白」を1週間のなかに数回確保するといいだろう。このときも、スマホのスケジュール帳などを使って、まず予定をブロックしてしまうことをおすすめする。

図3-16: BIOTOPEのムードボード

NOTE

(1) 安宅和人「知性の核心は知覚にある」『ダイヤモンド・ハーバード・ビジネス・レビュー』2017年5月号

(2) 入山章栄「『未来はつくり出せる』は、けっして妄信ではない」『ダイヤモンド・ハーバード・ビジネス・レビュー』2016年10月号

(3) この内容に興味を持った方は、次の名著もぜひ参照してほしい。あなたが使っていなかった脳の可能性への扉が開かれるだろう。▼ベティ・エドワーズ(野中邦子[訳])『決定版 脳の右側で描け』河出書房新社

(4) 石橋健太郎・岡田猛「他者作品の模写による描画創造の促進」『認知科学』2010年17巻1号196〜223頁

(5) McKim, R. H. (1980). *Thinking Visually: A Strategy Manual for Problem Solving*. Lifetime Learning Publications.

(6) 村山斉「天才たちが数式の前に必ず"絵"を描く理由——新法則は『スケッチ』で思いつく」プレジデント・オンライン(2017年8月26日) [https://president.jp/articles/-/22773]

(7) Suwa, M., & Tversky, B. (1997). What do Architects and Students Perceive in their Design Sketches? A Protocol Analysis. *Design Studies*, 18(4), 385-403.

(8) Norton, J. D. A Peek into Einstein's Zurich Notebook. (2008/6/24; 2012/6/20) [http://www.pitt.edu/~jdnorton/Goodies/Zurich_Notebook/index.html]

(9) James Gibson・小林茂・鈴木宣也・赤羽亨『アイデアスケッチ——アイデアを〈醸成〉するためのワークショップ実践ガイド』BNN新社

(10) McKim, R. H. *Experiences in Visual Thinking: General Engineering*. Brooks/Cole.

(11) https://blog.btrax.com/jp/airbnb-storyboard/

第4章

凡庸さを克服する「組替」の技法

Jump Over Yourself

「アビニヨンの娘たち」（パブロ・ピカソ）——キュビスムで有名なピカソは、「私は対象を見えるようにではなく、私が思うように描くのだ」と語ったという。印象派が切り拓いた主観的な絵画の技法に影響を受けた彼は、そこから自分なりに組み替えて表現する手法を確立した。

最初は「つまらない妄想」からはじめたほうがいい

「自分モード」で思考するためには、主観的な妄想をそのままアウトプットし、その解像度を上げていくという手順を踏めばいい――それがここまで語ってきたことだ。

しかし他方で、これを実践に移そうとする場合、おそらく内省的な人の多くは、次のような心の声を聞くことになるはずだ。

「この妄想を面白いと思うのは、やっぱり自分だけなのでは……」
「こんなアイデア、ほかの誰かがもう考えついていそうだな……」
「新しさも独創性もない。やっぱり発想のセンスがないなあ……」

僕は「従来と〝真逆の順序で〟発想すること」をおすすめしてきたが、その発想が「新しいか」とか「独創的か」といったことは、あえて不問に付してきた。その領域は読者のみなさんにお任せし、とにかく「ビジョン・ドリブンに考える」とはどういうことなのかを、少しでもつかんでいただくことを優先したかったからだ。

だから、現段階のアイデアに自信が持てなくても、そのことを気に病む必要はない。最初からすばらしいアイデアを引き出せる人は、世の中にごくひと握りしかいないし、時代を変えるイノベーションですら、誰でもすぐに思いつくような陳腐な着想からスタートしていることも珍しくない。何を隠そう、僕自身もP&G時代には1時間のブレストで3つしかアイデアを出せなかったという原点がある。

それでもいま、僕が戦略デザインファームを運営できているのは、アイデアは「出してからどう磨き上げるかが勝負。そして、それには方法論が存在する」ということを学んだからだ。大切なのは、ファーストステップでいきなり質の高いアイデアを出すセンスよりも、一定のプロセスを経てアイデアを丁寧に磨いていく技術なのである。

だから、せっかく出てきたビジョンを「どうせこんな妄想……」と打ち捨てないでほしい。99%の凡人（とくに僕のようなもともと頭が固い左脳型の人）にとっては、「ひらめきはどこかからいきなり降りてくる」というのは幻想だ。むしろ、「凡庸なビジョンに見えるものにこそ、宝が眠っている」と気づくことから、すべてがはじまるように思う。

いいね！に安住しない「ひと手間」が差を生む

実際、この段階では、自分のなかから引き出した妄想やそのビジョン・スケッチが、独創的なものである必要はない。たいていの人は、いくら「他人の目は気にするな」「実現可能かどうかは考えなくていい」とアドバイスされても、どうしても「すでにありそうなビジョン」に落ち着いてしまう。また、日頃からよっぽど空想をたくましくしている人でもない限り、最初に出てくるビジョンはどこか凡庸だったりするものだ。人間の妄想は、さほど人によって違うわけではなく、どこか普遍的な部分を持っている。

この状態を抜け出すには、引き出したばかりの〝なま〟の妄想に、一定の〝加工〟を施していけばいい。これは端的に言えば、アイデアに対する「ツッコミ」であり、他人の視点を入れるプロセスだ。

最も手っ取り早いのは、アイデアを他人に見せてしまうことだろう。第三者からのフィードバックは、あなたの妄想に新鮮な刺激を与えてくれるはずだ。山頂から転がりだした石が、どんどん加速していくように、ほかの人からのツッコミは、あなたの妄想を磨き上げてくれる。

他方で、「適切なフィードバック」を得るためには、いくつかのハードルがあるという点も忘れてはならない。

- □評価者がアイデアに対して否定的な態度をとっている
- □評価者がアイデアを正しく理解していない
- □評価者がアイデアの価値を見損ねている

まず、フィードバックがネガティブだったり見当違いだったりすると、発案者のモチベーションは大きく削られてしまいかねない。また、他者評価を可視化するSNSは、一見すると理想的なフィードバックツールに思われるが、たとえば「いいね！」が多いアイデアほど優れているかというと、なかなかそういうわけにはいかない。「インスタ映え」という現象が象徴するとおり、他人からの称賛を獲得しやすいポストは、どうしても似たような傾向を持ちがちで、かえって独創性やクリエイティビティからは遠ざかってしまうこともある。

誤解しないでほしいが、僕は「共創のプロセス」や「SNSでのフィードバック」を否定したいわけではない。ただし、アイデアに他人の視点を入れて、洗練させていくときには、こうした手軽な方法を試す前に、ちょっとした工夫が必要になることを強調しておきたいのだ。

ここでおすすめしたいのが、ビジョンを磨き上げていく仲間（ビジョンメイト）をつくることだ。仲のいい友人、話の合うビジネスパートナーなど、少人数で本書のエクササイズを一緒にやってみてほしい。そしてフィードバックの際には、①それが何に見えるか、②どんな可能性を感じたか、③さらに一歩、具体化するためにできるアイデアを、一緒に話し合ってみるといいだろう。

De-Sign＝概念を壊してつくり直すこと

経済学者ヨーゼフ・シュンペーターによれば、経済成長をドライブさせるイノベーションの本質は、アントレプレナー（起業家）による「新結合」にある。つまり、まったく新しい何かを創出するのではなく、すでにある要素を「組み替える」ことによってこそ、停滞している経済をブレークスルーできるというわけである。

このようなイノベーション観は、マクロ経済や企業経営のみならず、あらゆる型のビジョン思考に当てはまる。妄想の「切り口を変える」というのは、まったく別の独創的なアイデアをつけ加えることではない。そこに新奇性を生むうえで肝要なのは、その妄想が持っている要素に「組替」を与え、「新結合」を起こすことなのである。

こうした組替のプロセスは、デザイン思考の元祖である「デザイン」の世界において重要な位置を占めている。そもそも「デザイン（design）」という言葉は、ラテン語のdesignare《デーシグナーレ》を語源としているが、これは「分離すること、はっきりさせること」を意味する接頭辞（de-）と「印・記号」（signum）から成り立っている。ここからもわかるとおり、行為としてのデザインには、対象を構成要素に分解したうえで、再び組み立て直すというニュアンスがある。デザインとは組替そのものだと言ってもいい。

組替　＝　分解　＋　再構築

その際、対象を構成する要素が渾然一体となったままでは、組替は行えない。自分の内側から塊のまま出てきた妄想を、できる限り細かく「分解」し、全体がどんなパーツから成り立っているのかを把握して初めて、それらを組み替えることができる。また、構成要素を見渡すことで、自分が暗黙のうちに受け入れている枠組み（フレーミング）が見えてくることもある。

とはいえ、パーツにバラしたまま放っておくわけにもいかない。組替には必ず「再構築」のステップがある。このとき、元どおりに組み立ててしまっては意味がないから、もともとあった姿とは別のかたちに組み直す工夫が必要になる。

この2つのステップを踏むことによって、個人レベルの着想（＝妄想）には客観性が付与され、より「アイデアらしく」することができる。一人の妄想を起点にするビジョン思考においても、それが単なる独りよがりや思い込みで終わらないためには、この組替のプロセスを避けて通るわけにはいかないのである。

ここからはそれぞれのステップについて、もう少し詳しく検討してみながら、具体的なティップスも紹介していくことにしよう。

「箇条書き」はアイデアを固定してしまう ――分解のステップ①

BIOTOPEは、僕の古巣である消費財業界と仕事をすることも多い。ただし、かつてはブランドマネジャーとして既存ブランドをどう伸ばすかを考える立場だったが、戦略デザインファームとしてはむしろ、いまのカテゴリーに収まりきらない「新しいブランド」を考えることを求められることが多い。そういうときに、どのようなアプローチを取るのかをご紹介したい。

たとえば、新しい「清涼飲料水のブランド」を考えるとしよう。かつてのアプローチであれば、定量データや定性データを見ながら、まだ満たされてない消費者ニーズを探すことからはじめる。

しかし、このやり方は非常に効率が悪い。世の中のニーズは、定量データから導き出せるときにはすでに誰にでも見えており、競合が先に実現してしまう可能性も高い。また、インタビューのような定性調査には時間がかかるし、むやみやたらに聞いてもいいヒントを得られる保証はない。

そんなとき、まず僕たちが気をつけているのが「分解」のプロセスにより多くの時間を割くということである。何か新しいことを生み出そうというとき、僕たちはつい新たなアイデアづくり＝「再構築」のことばかりを考えがちだ。しかし、より価値の高いイノベーションを集団で生み出すには、既存のアイデアに隠れている「あたりまえ」をしっかりと洗い出して、パーツ分けするほうがいい。

たとえば、ペットボトル型清涼飲料水には「150円前後」とか「自動販売機やコンビニで買うもの」といった「あたりまえ」が付着している。これらがしっかりと意識化されていることで、「500円のペットボトルがあるとしたら？」とか「自宅に直接送られてくる清涼飲料水があったら？」という具合に思考が広がるようになる。つまり、「常識」をリストアップしておくことで、従来の「あたりまえ」を壊すための余地が見えてくるのである。すべての「常識」を網羅的にリストアップする必要はないが、そこで出た視点をつなぎ直すと、これまでになかった切り口のアイデアは出しやすくなる。

課題なり発想なりを要素に切り分けるというのは、ＭＢＡコースの戦略思考などでも教えられている思考法だ。有名なのは、マッキンゼーのＭＥＣＥ（モレなくダブりなく）だろう。ただし、僕たちが取るのは「あたりまえを覆す」ための3ステップの分解メソッドである。これは、1980年代にシカゴのDoblinというイノベーションファームが提唱した古典的メソッドを下敷きにしたものだ。(1)

①「あたりまえ」を洗い出す
②「あたりまえ」の違和感を探る
③「あたりまえ」の逆を考えてみる

最初のステップでは、まず特定のテーマについて、世の中であたりまえとされる「常識」を思いつくかぎり羅列していく。伝統的なルールや慣習のようなものでもいいし、近年出てきた「流行」などもいいだろう。これは多ければ多いほどいいので、ウェブのキーワード検索を使ったり、可能であれば複数人でブレストをしたりして、ラフに発想していくのがいい。

組替を前提とした分解を行うとき、全体を通じて言えるのが、情報は必ず「物理的にアウトプットする」べきだということである。端的に言えば、手を動かして「書く」ということだ。どんなに優秀な頭脳を持っていても、頭のなかだけで組替を行える人はまずいない。「あたりまえ」を洗い出すときにも、自分の外に「書き出す」のは大前提だ。

そのうえで重要なのが、「組替が可能なかたちで」書き出すということだ。アイデア出しをしようとするとき、紙に箇条書きやフローチャートを書きはじめる人は多いだろう。アイデアの組替という観点からすると、こうした手書きには致命的な欠点がある。書き出した要素の「順序」が固定されてしまい、「新結合」が起こりづらくなるということである。

要するに、箇条書き形式のよくあるメモには、組替のための「余白」がないのだ。特定テーマに関して「あたりまえ」をアウトプットしていく際には、そのような組替を前提としたメディアなりキャンバスなりをしっかり用意する必要がある。

CLUE 「組替力」を飛躍的に高める「可動式メモ術」

前述の問題を回避するために、ぜひやっていただきたいのが、「可動式メモ」である。まずは、組替を行うためのキャンバスを用意する。これはよくあるB4サイズのノートでもいいし、大判のスケッチブックやバタフライボード、模造紙、あるいはデスクや壁でもかまわない。

ポイントは、そのキャンバスに直接メモを書き込まないこと。メモは別途用意した正方形のポストイットなどに書くようにする。このとき、「ポストイット一枚に一つの情報」を意識しよう。ポストイットに箇条書きをすると、結局同じ問題（＝組替できない）が起きてくるからだ。思いついた順にポストイットを書き、キャンバスに貼っていく。この段階では、グルーピングなどはあまり考えないで、ペンを動かすことに集中したほうがいい。分解と再構築のプロセスは「分ける」のが基本だ。

つい箇条書きメモをしてしまう習慣をやめ、最初からこのように「動かせる」かたちでメモをまとめるようにすると、つねに発想の「組替」モードをオンにすることができる。僕は読書メモなどもすべて、ポストイットに書いてノートに貼っておくようにしている。まったく関係ないアイデアを考えているときでも、「あ、この話はあの本に出てきた話と関係があるな」と思えば、ポストイットを別のページから移動させるだけで事足りるからである。

情報のカット&ペーストが可能なワードやパワーポイントなどであれば、これとほぼ同じ操作はPC上でできてしまうのではないかと思う人もいるだろう。たとえば、テキストボックスなどのオブジェクトに文字を貼りつけて、オブジェクトごと「動かす」というやり方はどうだろう？

残念ながらこれにも欠けるところがある。モニタ画面内に収まりきらない情報は、視野の外に追いやられてしまうし、情報が多くなってくると、全体を見渡すために文字サイズを小さくせざるを得ない。これらは組替の作業にとっては致命的な欠点だ。

とはいえ僕は、決してアナログ至上主義を唱えたいわけではない。少なくとも現段階では、「可動性」「一覧性」の両面において、この「可動メモ術」を凌駕するデジタルツールはリリースされていないというだけの話である。

さらに、このように情報の断片をカード化すると、視覚的な情報とテキストデータとを同一平面上で扱えるというメリットもある。ポストイットを並べて貼っているところに、関係する

図4-1: イリノイ工科大学の授業。膨大なポストイットをキャンバスに可視化する

写真やイラストを貼ってもいいし、具体的なプロダクトをテーブルのうえに置いて、そのまわりをポストイットのメモで取り囲んでもいい。

このとき注意してほしいのが、ポストイットに手書きするときには、なるべく太めのサインペンなどを使うことだ。あまり小さな文字で細々と書いてしまうと、全体を眺めたときに情報が目に入ってこなくなる。また、見づらい手書きテキストは、写真などの視覚情報に埋もれてしまいがちだ。ポストイットに手書きするときは「太く大きな文字で書くこと」を意識しよう。

最後に、「箇条書きの習慣が染みついているな」と感じる人には、「白紙」のポストイットを貼りつけたキャンバスをつくることをおすすめする。たとえば、1ページにつき正方形のポス

図4-2: くみかえノート(ぺんてる)

トイット6枚を並べたノートを、まずつくってしまうのである。これくらい徹底した「余白づくり」をしないと、なかなかメモの習慣は変えられないからだ。

なお、組替プロセスを前提としたノート（くみかえノート）も発売されているので、苦手意識のある人は試してみてほしい（β版のサービスとしてデジタル化しての組替もできるようになっている）。

違和感に正直になる
——分解のステップ②

テーマに関して「常識」を書き出したら、次に来るのは「違和感のある常識」をピックアップするステップだ。ここで重要なのは、やや無理をしてでも、「ここっておかしいんじゃないか？」「いったい、どうしてこうなんだ？」という引っかかりを探ることである。

世界的に有名な起業家やイノベーターというのは、かなりの確率で「ワガママ」な性格を持っている。また、テレビに出ているお笑い芸人は、何気ない日常のなかに「ツッコミどころ」を見出すことで、爆笑を誘うエピソードトークをつくり上げている。

一流のクリエイターたちと肩を並べる必要はないが、少し「意地悪」な人格を自分のなかにつくりあげて、「常識」に隠れている「ツッコミどころ」を探すことを意識してみよう。日常ではスルーしてしまう「あたりまえ」の前で立ち止まり、「本当にそうかな？」「そもそもこれって……」と考えてみる。それが見つかったら、「自分はどういうところに違和感を抱いたのか？」「何がそんなに引っかかっているのか？」「どうすると違和感がなくなりそうか？」についても振り返ってみよう。

日本人は理不尽や不合理を我慢することを美徳とするカルチャーを持っているが、それは自己表現が自由にできる現代においては制約でしかない。何か違和感を嗅ぎ取ったら、それを抑え込まずに、正直に「おかしいな」と立ち止まってみてほしい。

CLUE

「ツッコミ」のアンテナを鍛える「違和感ジャーナル」

このような「違和感」のアンテナの感度は、日頃の習慣のなかで磨いていくのがいちばんである。ジャーナリングは、「ツッコミどころ探し」を習慣化するときにも有効だろう。これまで「感情ジャーナル」「欲望ジャーナル」「妄想ジャーナル」を紹介してきたが、どうにも気になったことを記述する「違和感ジャーナル」を試してみるのはどうだろうか。あるいは、日々続けているモーニング・ジャーナルに「今日の気になったこと」の1行を追加してもいい。

ただし、違和感というのは、その場限りのものであり、時間が経つとすぐに忘れてしまうことが多い。「これって変だな?」と感じるたびに、ジャーナリング・ノートを取り出すのも大変なので、「違和感のタネ」を見つけたら、すぐにスマホで写真に収めることを習慣化しよう。行列にきちんと並ばない人がいてイラっとしたとか、街角で面白い看板を見つけたとか、題材はなんでもいい。気になったものは撮影しておき、ジャーナリングの際に写真を見返すようにすると、「ツッコミ忘れ」を防ぐことができる。あるいは、TwitterやInstagramなどで「写真+違和感コメント」の投稿をするのもいいかもしれない。たいていの場合、違和感は身体からくるので、体感覚(Kinesthetic)を鍛えるエクササイズにもなる。

「あたりまえ」を裏返す
——分解のステップ③

「あたりまえ」を洗い出し、そこにある「違和感」を探ったら、最後にやるべきは「あまのじゃく」スイッチを入れることだ。書き出したすべての「常識」について、機械的に「その常識の〝裏〟は何か？」を考えてみるのである。とくに違和感があった常識については、ステップ②での考察も参考にするといい。アイデアの良し悪しはあまり考えずに、とにかく機械的に出すことを心がけるのがポイントである。

社内プロジェクトなどにおいては、このような「あえて『逆』を考える場」をつくる意味は大きい。組織内では経験則的に大量の「あたりまえ」が生産されていくため、「常識」から外れたことは提起しづらい雰囲気が生まれがちだ。何か違和感があっても、「あいつは現場をわかっていない」と言われるのを恐れてしまう人もいるだろう。「みんなで一斉に〝あまのじゃく〟になる空間」は、その種のメンタルバリアを取り去るうえでは、非常に効果的だ。

また、個人レベルでアイデアの分解を行うときにも、「あえて逆を考えてみる」という手続きは、ぜひ試してみる価値がある。自我を解放して、自由に発想したつもりの妄想にすら、なんらかの「あたりまえ」は入り込んでいるだろう。そこもすべて「裏返してみる」ことによって、アイデアの独創性を高めるうえでの手がかりが得られるはずだ。

CLUE

あまのじゃくキャンバス

ここまで解説してきた「①『あたりまえ』を洗い出す→②『あたりまえ』の違和感を探る→

③『あたりまえ』の逆を考えてみる」という3つの分解ステップについて、具体的な実践法を最後にお伝えしておこう。

まずキャンバスを用意し、その中央に「分解したいテーマ」を置く。これはポストイットに文字で書いてもいいが、できれば視覚的なイメージになっていると、アイデアの触発力がより高くなる。あなたが引き出した「妄想」を要素分解するのであれば、すでにつくった「ビジョン・スケッチ」を使うといいだろう。

まず、分解テーマの周囲に、そのテーマに付属している「あたりまえ」を貼り出していく。ここではあまり深く考えずに、連想して出てきたキーワードをどんどん書いていくといい。「う〜ん、これ

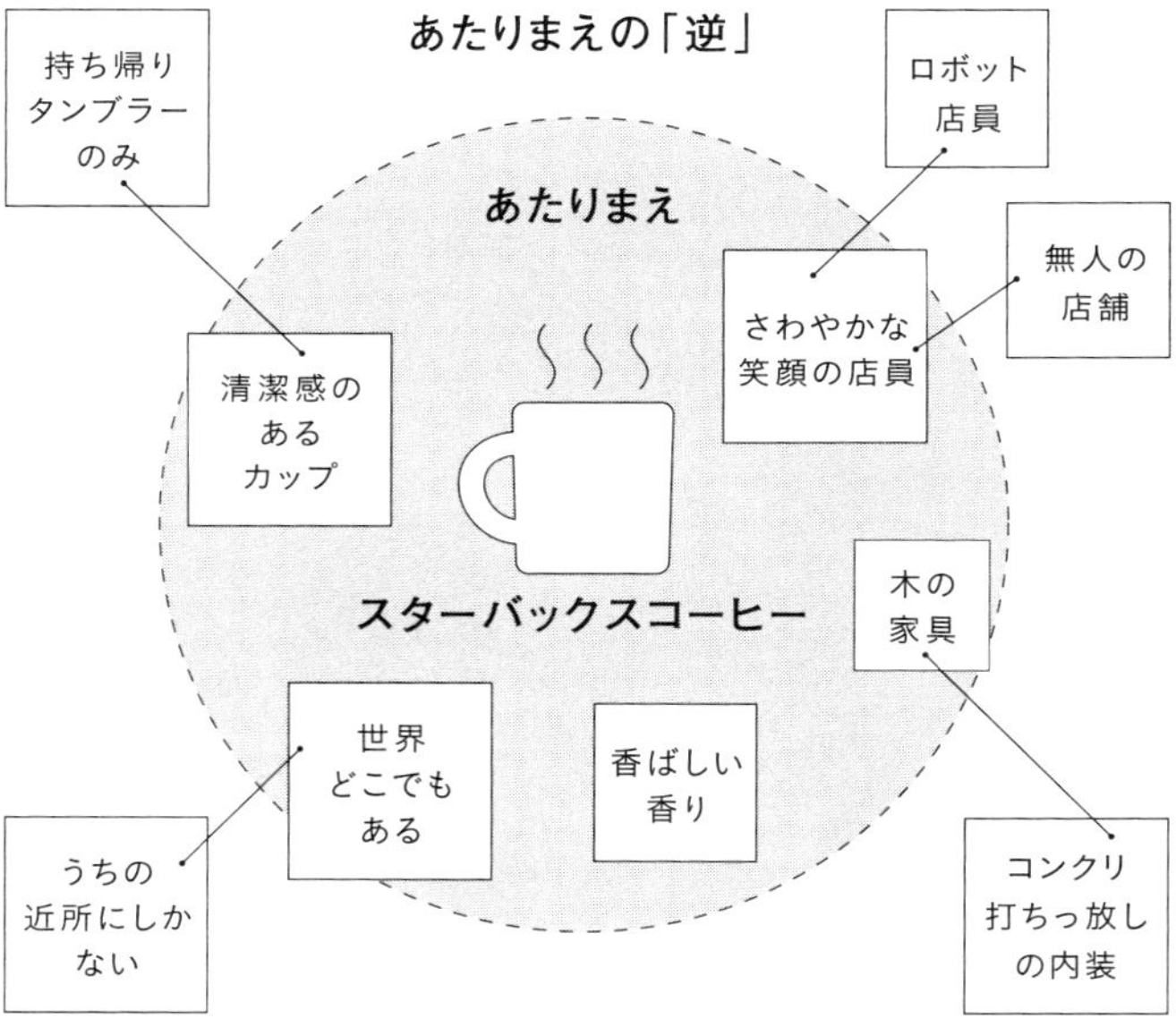

図4-3: あまのじゃくキャンバス

は違うかな、どうだろう?」などと立ち止まらず、少しでも脳裏をかすめた言葉は、どんどんポストイットに書いて、テーマの周囲を構成要素で埋めていく。

次に、それらをもう一度見返してみながら、「違和感」を探していく。その際に、内容的に関連しそうなポストイット同士は近くに貼り直したり、明らかに重複しているもの・的を外しているものを間引いたりしてもいいだろう。

ただし、アイデアを収束させることが目的ではないので、一度出したメモはなるべくそのままにしておくことが望ましい。違和感があったものには、ポストイットの右上に「☆印」などをつけておくようにしよう。

最後に、徹底的に「あまのじゃく」になって、「あたりまえの逆」をいちばん外側に貼っていく。「常識」はイエロー、「非常識」はピンクなど、ポストイットの色を変えると、視覚的にも違いが際立つのでいい。「常識」と「非常識」は、それぞれの対応関係がわかりやすいように線でつないでおく。

迷ったときは、まず「違和感を抱いた常識」から手をつけると、あまり悩まないで済むはずだ。

また、「あたりまえの逆」は一つとは限らない。図の例で言えば、「さわやかな笑顔」という接客の「あたりまえ」に対しては、「無人の店舗」もあれば「ロボット店員」も考えられる。

発想に「ゆらぎ」を与えるアナロジー思考

——再構築のステップ①

ここまでが「再構築」の前の「分解」のプロセスである。「あまのじゃくキャンバス」をつくったら、試しに、いちばん外側にある「非常識」にざっと目を通してみてほしい。それだけでも、新たな「再構築」の糸口がもう見えてくる人もいるだろう。そのまま再構築を進めるのもいいが、ここで分解した構成要素にさらに「幅」を持たせておくと、より独創性の高い組替が可能になる。

そのときに有効なのが「アナロジー」だ。アナロジーとは一般に「類推」と訳され、未知の事柄A（ターゲット）と既知の事柄B（ソース）があったとき、両者のあいだの類似性Cをもとに「Aもこういう性質を持っているだろう」という推論を働かせることである。

落語の寄席などでやる「謎かけ」を思い浮かべてもらうといいだろう。たとえば、『『結婚』とかけまして、『100メートル走』と解きます。その心は、どちらも『スタートが大切』です」という謎かけでは、ある種のアナロジーが働いている。

実際、アナロジーはいろいろな場面で使われている。科学の世界では、たとえば、水のある惑星Aが発見されたときに、「地球（惑星B）にも水（類似性C）があり生き物がいる。だから惑星Aにも生き物がいるのではないか」と考えることがある。また、マーケティングの世界で新商品Aがテレビ番組に取り上げられることが決まった際、「かつて商品Bが同番組に露出した際は、売れ行きが3倍に跳ね上がった」という既知の事柄をもとに、「おそらくAの売れ行きも3倍近くになるだろう」と類推することはあるはずだ。これが可能なのは、ターゲット（A）とソース（B）のあいだに類似性Cがあるからである。

言葉にすると難しく感じるが、要は「なんとなく似ている！」という感覚のことだと思っておけばいい。恋愛のことを思い出してほしい。好きな人を前にしたとき、無理矢理にお互いの共通点を見つけて会話を盛り上げようとしたことはないだろうか。そういうと

謎かけは「AとかけてBと解く。その心はC」という構造

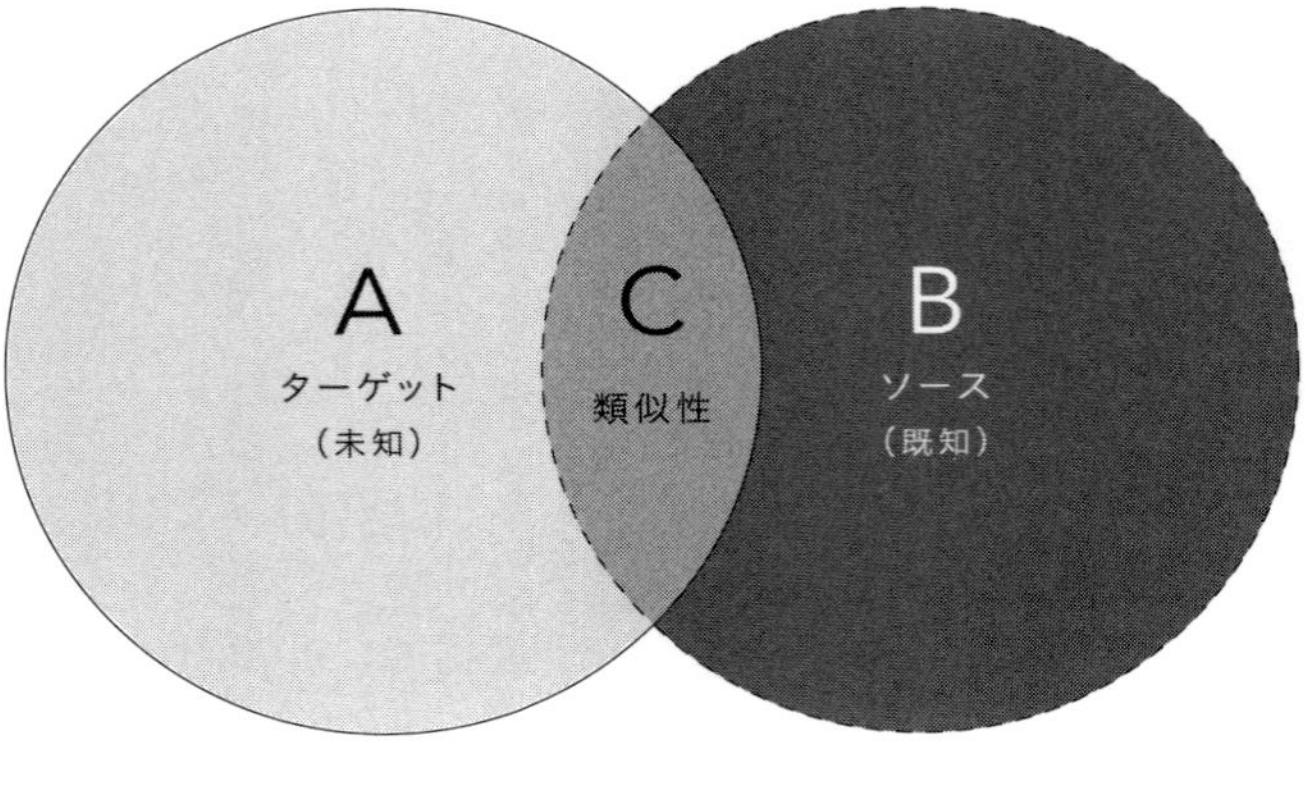

未知の事柄A（ターゲット）があったとき、
既知の事柄B（ソース）との類似性Cをもとに
「Aもこういう性質を持っているだろう」と推論する

図4-4: アナロジー思考とは？

き、「厳密には違うけど……」などと言って、相違点ばかりに目を向けていると嫌われてしまう。アナロジー思考は、男と女という違う生き物をつなぐように、異なる分野の接合点を生み出してくれるのである。

アナロジーを誰かにわかりやすく伝える表現方法、いわゆるレトリックに落とし込んだのが「メタファー（比喩）」だ。

その意味で、メタファーはアナロジーの一種とも言われる。「あの恋愛はドラマのようだった」と言うとき、「あの恋愛」と「ドラマ」とのあいだには、たとえば「感情を揺さぶるような思いがけない展開がある」という共通点がある。

「うちの職場は動物園そのものだな」という発言に共感を抱く人は、「うちの職場」と「動物園」とのあいだに、たとえば「メンバーがバラエティ豊かで、管理するのに手間がかかる」といった類似性を見出しているのかもしれない。

アナロジーやメタファーは、デザイン思考でもよく用いられる手法で、僕もイリノイ工科大学デザインスクールでは、「Metaphor & Analogy」という授業に出席していた。自分のアイデアに類似したものを発見し、それに基づいて発想を広げたり（アナロジー）、未知のイノベーションアイデアをわかりやすい喩えで表現したりする（メタファー）というのが、この授業の目的だった。

このとき最初の課題として与えられたのが、街に出てさまざまなメタファー（比喩）を探し、それを写真に収めてくるという「メタファーハント」だった。僕らを取り巻く駅貼りポスターや、CMなどにはメタファーがよく使われている。商品・サービスのコンセプトを世の中に伝えて顧客を説得し、行動を促すことがビジネスの本質だから当然かもしれないが、意識しながら街歩きをしたりしない限り、意外とメタファーには気づかないものだ。

アイデアの組替を行ううえでは、メタファーをつくる力、その背後にあるアナロジーを見抜く力が決定的に重要である。

ヤフーCSOの安宅和人氏は「優秀なマーケターは、目に見えないつながりを見つける力を持っている」と語っているが、これはアナロジーによって身につく力とも言えるだろう。[2]

図4-5: イリノイ工科大学の授業「Metaphor & Analogy」の様子

たとえば、「インターネット」に関するビジョンを再定義しようとしている人が、「インターネットとは、世界中に張り巡らされた巨大なクモの巣である」というアナロジーを考えたとしよう。この場合、インターネットに関するアイデアの組替は、期待したほど促進されない。むしろ、アナロジーの結果として出てくるのは、「参加者をからめとろうとする捕食者の存在」とか「どこからか監視されている」といった古典的なイメージである。

他方で、「インターネットは生態系である」というアナロジーを選んだ場合、もう少し異なるアイデア展開が可能になるはずだ。「弱肉強食」とか「適者生存」といった厳しい側面もあるだろうが、インターネットを「相互に価値を生み出しながら、長期的に繁栄していく場所」というふうに捉え直すこともできる。

すると、戦略を考えるときにも、従来のような「シェア争い」という枠組みから離れ、「競合同士が共生するためには何が必要か？」という新しい問いが生まれてくる。

BIOTOPEの具体例を紹介しよう。独立系デザイン事務所

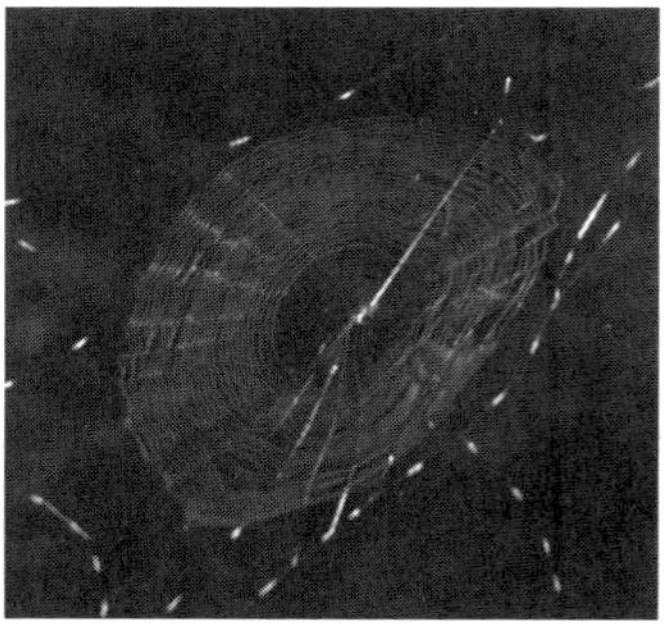
クモの巣

生態系

図4-6: アナロジーの「ソース」に何を選ぶか（右画像©sveta/stock.adobe.com）

NOSIGNERとともに、「山本山」のリブランディングを手がけたときのことだ。山本山と言えば「海苔の老舗」としてのイメージが強いが、このプロジェクトでは同社の祖業である「日本茶」への回帰がテーマだった。「どうすれば日本茶を、急須を持たない平成世代に飲んでもらえるか？」――この戦略を考える際に参照したのが、「ワイン」とのアナロジーである。

僕たちは「日本茶を飲む」という行為を、「ワイン」のように産地や製造年の違いを楽しめる奥深い体験」として位置づけ直し、そうすることで、現代のライフスタイルに合った新しい日本茶ブランドを開発していった（日本橋の髙島屋の横に新店舗があるのでぜひ見に行ってほしい）。このようにアナロジーは、いままでにない視点が必要とされる未来創造の現場では、非常にパワフルな武器になってくれる。

「アナロジー的な認知」を促す3つのチェックポイント
――再構築のステップ②

「答え」が見えない現代においては、アナロジーの見直しが進んでいる。まだ見たことがない課題に直面したとき、既知の情報をもとに未知の事柄を推測するアナロジー思考は、圧倒的な効果を発揮するからだ。たとえば、『サピエンス全史――文明の構造と人類の幸福』（ユヴァル・ノア・ハラリ［著］・柴田裕之［訳］、河出書房新社）が世界的に大ヒットした背景には、ＡＩ時代を前にして、われわれ人類を「サル」の一種と捉え直し、別種の「サル」が人間のように存在し得た可能性を読者に投げかけたことがあるように思う。答えが見えない時代には、このようなアナロジーがより強い説得力を持つのである。

そして、これは「妄想」を起点としたビジョン思考においても、重要なアプローチとなる。なぜなら、個人の視点や理想を提示する妄想（ビジョン）は、いまだ現実化していないという意味で「未知の事柄」そのものだからである。妄想の内実をその人らしく、精緻化していくうえでは、アナロジーは不可欠なプロセスと言っていい。

僕自身、アナロジーに基づいた思考には、昔からなんとも言えない憧れを抱いていた。典型的な左脳タイプである自分からすると、打ち合わせや雑談のなかで、「うまい喩え」をパッと思いつく人がうらやましくてならなかったのだ。デザインスクールでの「メタファーとアナロジー」の授業に初めて出席したときも、なんとなく緊張していたのを覚えている。[3]

しかし、結論から言えば、アナロジー思考は「センスがある人だけに可能なブラックボックス」などではない。正しい手順を踏みさえすれば、それほど苦労せずに習得が可能な、いたって基礎的なメソッドである。アナロジー展開による思考の発散を邪魔しているのは、次の3点である。

アナロジーの障害物① ターゲットの構成要素がつかめていない

うまいアナロジーが思いつかないとき、ターゲットとなる発想・問題の構成要素が明確になっていないことが多い。「うちの職場は動物園」という比喩を思いつくには、まず「うちの職場」に関して「キャラクターが多様でバラバラ」「マネジャーが苦労している」「みんなが要求ばかりをしてうるさい」といった要素分解が先行していなければならない。

構成要素がしっかりと可視化されていると、メタファーのための「類似性」や「共通点」はかなり発見しやすくなる。これについては、すでに説明した「あまのじゃくキャンバス」が有効なツールになる。

アナロジーの障害物② ソースの引き出しが少ない

ターゲットの構成要素が明らかになっていても、それを結びつけるための既知の事柄（ソース）が少なすぎると、類似点の発見が起こりえない。端的に言えば、ある程度の知識・経験が「引き出し」として欠かせないということである。

実際、アナロジー的な思考を脳科学的に分析すると、そこでは過去の記憶にアクセスして、それらとの新たなつながりを見つける認知過程が生まれているという。[4] その意味では、ある程度の年齢を重ねて、豊富な経験を積んだ人のほうが、アナロジーを生み出す能力は高くなると言える。しかし、単に過去に学習・体験したことが多いだけでなく、それらを構造的に理解していないと、斬新なアナロジーの着想までには至りづらいだろう。

このような「ソース不足」を補いたければ、たとえば、会社の同僚や家族ばかりではなく、異分野の人と会話をするといい。また、さまざまな芸術作品・エンターテインメントなどに触れたりするのも有効だろう。実際、小説を通じたフィクション体験と現実の体験とを脳は区別しておらず、物語を追体験することで脳のアナロジーの力は高まっていくとする

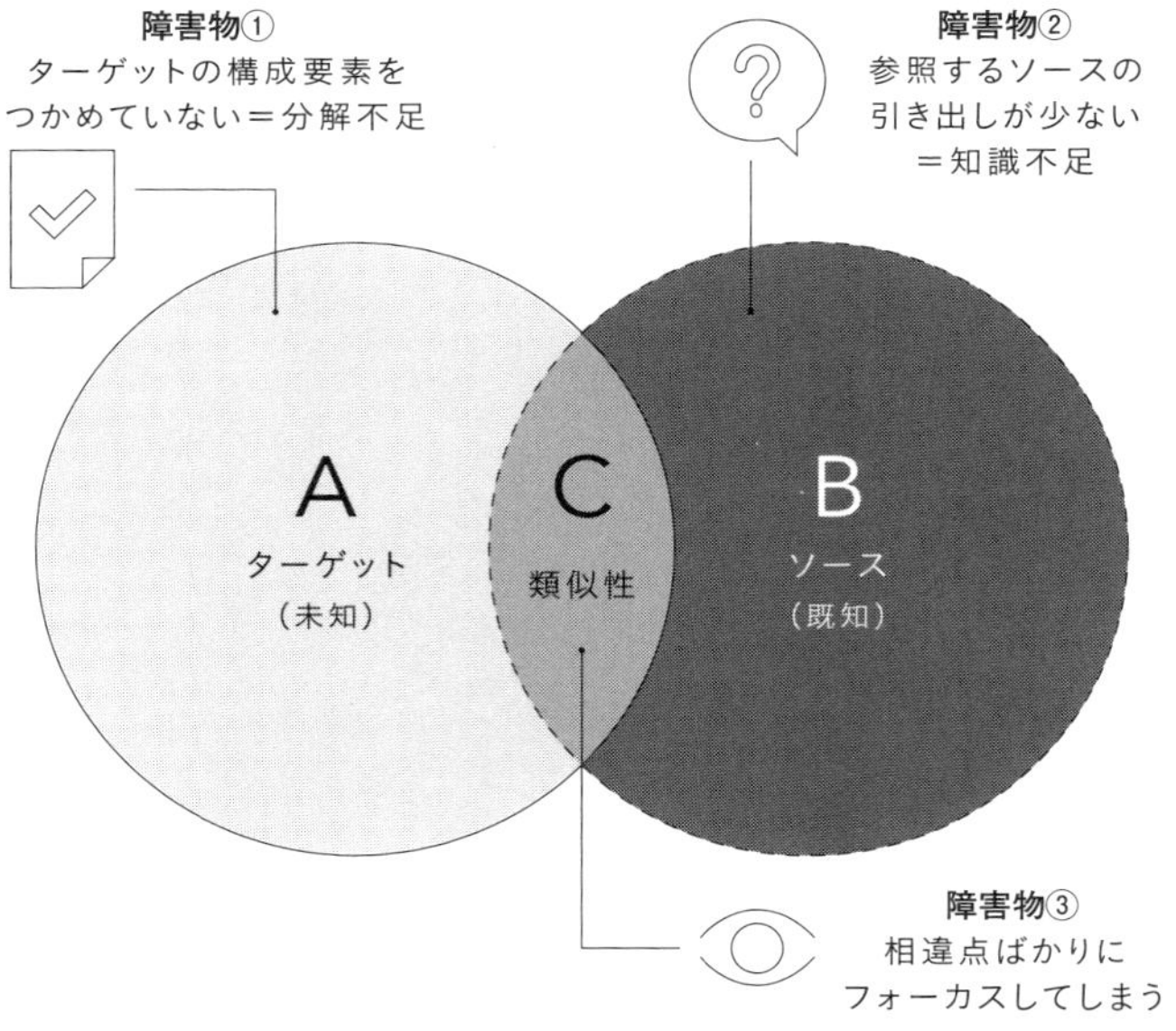

図4-7: アナロジーがつまずく3つの障害物

研究もある。[5]

また、もう少し手軽な「特効薬」としては「ビジュアル要素」がある。ワークショップなどの場で、参加者にアナロジー思考を体験していただく場合には、さまざまなジャンルの雑誌を大量に用意しておき、それをパラパラとめくって視覚を刺激してみると、「あ、これとこれは似ている！」という発見が起きやすくなる。このような「刺激物」を使う方法も、試す価値があるだろう。

アナロジーの障害物③ 相違点にばかりフォーカスしてしまう

アナロジー思考のためには、類似性の発見が不可欠だが、僕たちはふだん「違い」を発見することに頭を使いがちで、「似ている点」を探すことに慣れていない。違いを見つけたくなるのは、とくに脳がＬモード（言語脳）になっているときだ。

Ｒモード（イメージ脳）のスイッチを入れるときには、ターゲットやその構成要素をビジュアル化し、大づかみに把握するといい。実際、「ビジュアルアナロジー」[6]と呼ばれる分野があり、僕も視覚を刺激しながら「似たもの」を探すトレーニングを自分でやっていたことがある。写真を集めてコラージュにしてみたり、「多ジャンルの写真多めの雑誌」を刺激物に用意したりして、ソースの側にも視覚要素を入れると「類似点」に目が向きやすくなる。

CLUE

アナロジー式「アイデア・スケッチ」

アナロジーを使ってアイデアの組替を行うには、まず「あまのじゃくキャンバス」で分解したいくつかの構成要素に着目し、「似ているもの」を探してみればいい。たとえば、「公共空間でもつけっぱなしでいられるイヤホン」というアイデアがある場合、その構成要素である「公共空間で身につけるもの」「頭につけるもの」などを手掛かりにして似ているものを探していく。その結果、「帽子」とか「カチューシャ」といったメタファーが見つかったとしよう。

今度はターゲットに立ち戻って、「カチューシャのようなイヤホンがあった

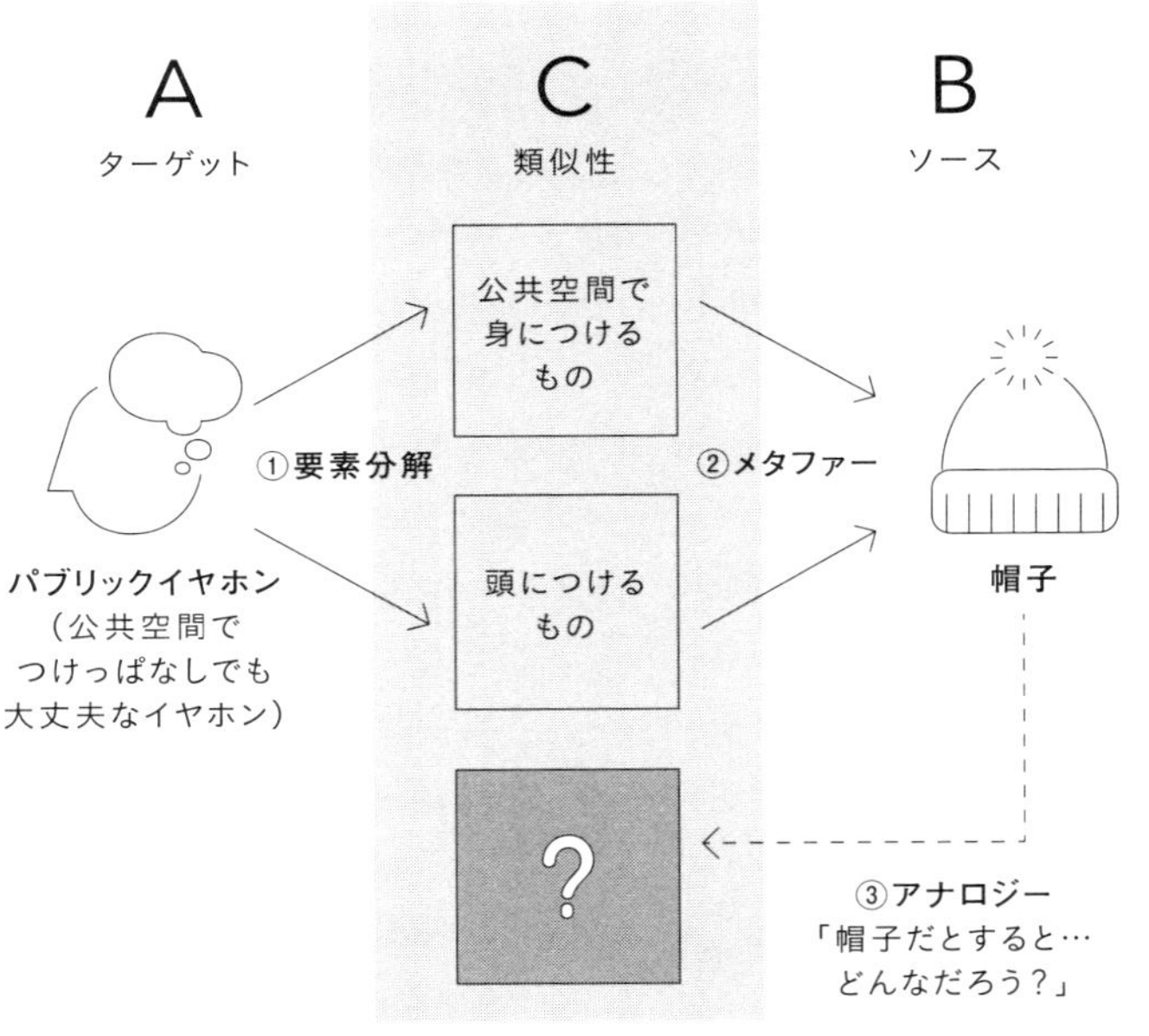

図4-8: アナロジーを手がかりに発想を広げる

ら?」とか「帽子みたいなイヤホンって?」というように、ソースを起点にしたアナロジーを考えていく。すると、ここからさらに発想の「幅」や「奥行き」を広げていけるはずだ。

これこそが「組替」である。単なる「主観的な妄想」だったものを、「オリジナリティのあるビジョン」へと生まれ変わらせるには、このプロセスが欠かせない。アナロジーをもとに発想をまとめ直していくときは、再び視覚的なかたちに「再構築」を行うといい。

その際のフォーマットとしておすすめなのが、「アナロジー・スケッチ」だ。当初の「ビジョン（妄想）」とそれに「かけ算」を行うメタファーを書き込んだら、あとはそれ

図4-9: アイデア・スケッチ

をビジュアル化させていくだけだ。アナロジーを取り入れることで、アイデアがより具体的かつ独創的になるのが実感いただけるのではないかと思う。

「制限」があるほうがまとまる
――再構築のステップ③

アナロジーを使った再構築の方法について解説したが、それ以外にお伝えできるコツとしては「フォーマットを決め、一定の制限のなかでまとめてしまう」ということがある。

デザインスクールで「ユーザー観察」の授業を受けたときのことだ。その授業では、これまで行ってきた想定ユーザーへのインタビュー情報を、ポストイットで貼り出すというワークが課せられていた。

キャンバスとなる模造紙には、膨大な数のポストイットが次々と貼られていき、僕は内心「(すごい量の情報だな。いったいどうやってこれを『まとめる』のだろう……)」と心配に思っていた。そんななか、授業が終盤に近づくと、講師のベンがこう言ったのである。

「オーケー。じゃあみんな、その内容を伝えるポスターをつくるように。制限時間は5分」

僕も含めて、チームメートは一瞬戸惑い、顔を見合わせた。それまでのべ30時間以上は、インタビューリサーチをやってきたはず。その膨大な情報をたった5分でポスターに……。「そんなの無理だろ……」――誰もがそう言いたげだったが、時間は限られている。

慌ててディスカッションをはじめると、ベンが意図していたことがなんとなくわかってきた。時間やフォーマットが制限されていることで、かえって枝葉末節が省略されて、本質的な気づきだけに集中できるのである。

「いちばん印象的だったこの写真を真ん中に持ってこよう」「見出しは以前に考えたこれを、上に大きく配置したほうがいいね」などと、お互いに意見を言いながら、大慌てでポスターをまとめたが、逆に10倍の持ち時間があったとしても、10倍価値があるアイデアがまとめられていたかというと、そんなことはなかっただろう。むしろ、「一定の制限のなかで、強制的に発想する」ということが、再構築の局面においては有効だと実感させられた。

「フォーマットをまず決めてしまう」ことは、再構築におけるいちばんのコツである。俳句の五・七・五やTwitterの140文字というのは、一見すると「制限」のように思えて、じつはアイデアをまとめるうえでの補助になっている。

逆に、いちばん難しいのは、「どんなかたちにまとめてもいい」と言われた場合だろう。「組替」すべき構成要素が大量にあるときほど、ある意味では「無茶」なフォーマットのほうがいい。これが「再構築のための余白（キャンバス）」をつくる際の極意である。

ＭＩＴメディアラボ副所長の石井裕氏と仕事をさせていただいた際にも、同じような経験をしたことがある。ワークショップの前半で膨大な考察を積み重ねていたかと思うと、彼はいきなり僕を指名して「じゃあ佐宗くん、君のアイデアを『オリジナルの四字熟語』で言ってみて」と注文してきたのである。

英語混じりで先端テクノロジーの話を大量にインプットしたあとに、いきなり「漢字の世界」に投げ込まれる――。いま思えば「無茶ぶり」以外の何ものでもないが、冷や汗をかきながら必死で4つの漢字をでっち上げたのを覚えている。

ちなみに、僕が運営するＢＩＯＴＯＰＥのブランドブックの題名「美生東風」は、このときの経験をインスピレーションの1つにしたオリジナル四字熟語である。企業や組織を生命体ととらえ、東洋医学のように世の中全体のつながりをよくすることで、本来そこに流れている美しさをつくっていきたい――僕たちが大事にしているそんな思想が、この言葉には込められている。

CLUE

一気にアイデアをまとめ上げる「セルフ無茶ぶり」の諸技法

強制発想法については、一人だとなかなか実践が難しいところもあるが、いくつかヒントになりそうなやり方をご紹介しよう。ポイントは要するに「どこに制限を入れるか?」だ。

いちばん手っ取り早いのは「時間」だ。スマホのタイマーなどを取り出して、「10分以内でアナロジー・スケッチを描いてみよう」とか、「3分以内にキャッチフレーズを考えてみよう」などと、再構築のための時間を自分で決めてしまうわけだ。「制限時間を超えたら、その日はそれ以上、そのアイデアについて考えない」など、なるべくルールをしっかりと運用するといいだろう。

次に、再構築のフォーマットなりメディアなりを決める方法がある。たとえばこんなものはどうだろうか?

- □広告ポスターをつくる
- □ギャラリーを借り、アート作品を展示する
- □イラストだけで表現する
- □手元にある雑誌の切り抜きでコラージュをつくる

視覚（Visual）だけでなく、たとえば体感覚（Kinesthetic）を使うのもいいだろう。チーム形式のワークショップなどでは、一定時間のブレストをしたあとに、そのアイデアが実現した世界を「演じる」ことがある。あるプロダクトのアイデアがあったとすれば、そのユーザーがどんな体験をするのかなどを1分ほどのスキット（寸劇）にしてもらうのである。

拡散した情報を一気にギュッと圧縮するという意味では、やはり言葉に勝るものはない。とくに「名前をつける」という行為の意味は大きい。名前がついた瞬間、そのアイデアは「妄想」から「発想」へと姿を変え、この世界に存在をはじめるといってもいいだろう。なお、言葉に落とし込むときは、文字数制限を設けるといい。

- □ネーミングを考える
- □プレスリリースをつくる（SNSでシェアされたときのコメントなども再現すると◎）
- □オリジナルの四字熟語に落とし込む
- □1枚のスライドでコンセプトをまとめる
- □1行のキャッチコピーをつくる
- □五・七・五で魅力を伝える

こうした力をふだんから鍛えたいなら、InstagramなどのSNSを利用するのもいいだろう。たとえば僕は、Instagramで写真を投稿するときに、五・七・五の形式でハッシュタグをつける「インスタ俳句」というルールで遊んでみたことがある。こうしたことを日常的にやっていると、目の前の雑多な情報から、一定の再構築を行う「見立て力」を磨くことができる。

ぜひ、ご自分でも面白いルール制限をつくって、ゲーム感覚で考えてみる習慣を試してみてほしい。

図4-10: インスタ俳句

NOTE

（1）Nagji, B., & Walters, H. (2011). Flipping Orthodoxies: Overcoming Insidious Obstacles to Innovation: Case Study. *Rotman Magazine*, Fall 2011, 60-65.

（2）「ヤフーCSO安宅氏が語る、『〝凝縮〟と〝弛緩〟の狭間でクリエイティビティは生まれる（【特別対談】Yahoo! 安宅和人氏×入山章栄氏×佐宗邦威氏：後編）』Biz/Zine（2016/10/17）[https://bizzine.jp/article/detail/1688]

（3）「メタファーとアナロジー」は、デザイナーの学生たちが卒業直前に履修する超人気授業だった。僕の所属課程では単位認定されない科目で、毎回の授業に「もぐる」かたちにはなったが、実際そうしてよかった。そのくらいパワフルな武器になる。

（4）Bar, M. (2009). The Proactive Brain: Memory for Predictions. *Philosophical Transactions of the Royal Society B: Biological Sciences.* [https://doi.org/10.1098/rstb.2008.0310]

（5）Oatley, K. (2016). Fiction: Simulation of Social Worlds. *Trends in Cognitive Sciences*, 20(8), 618-628.

（6）アナロジーを覚えたてのころ、次の本を貪るように読んだ。1978年発刊の古い本だが、世の中の似たものをビジュアルで対比しながらアナロジーの世界に誘ってくれる名著である。▼松岡正剛［構成］『相似律（「遊」1001号）』工作舎

第5章

「表現」しなきゃ思考じゃない！

Output First

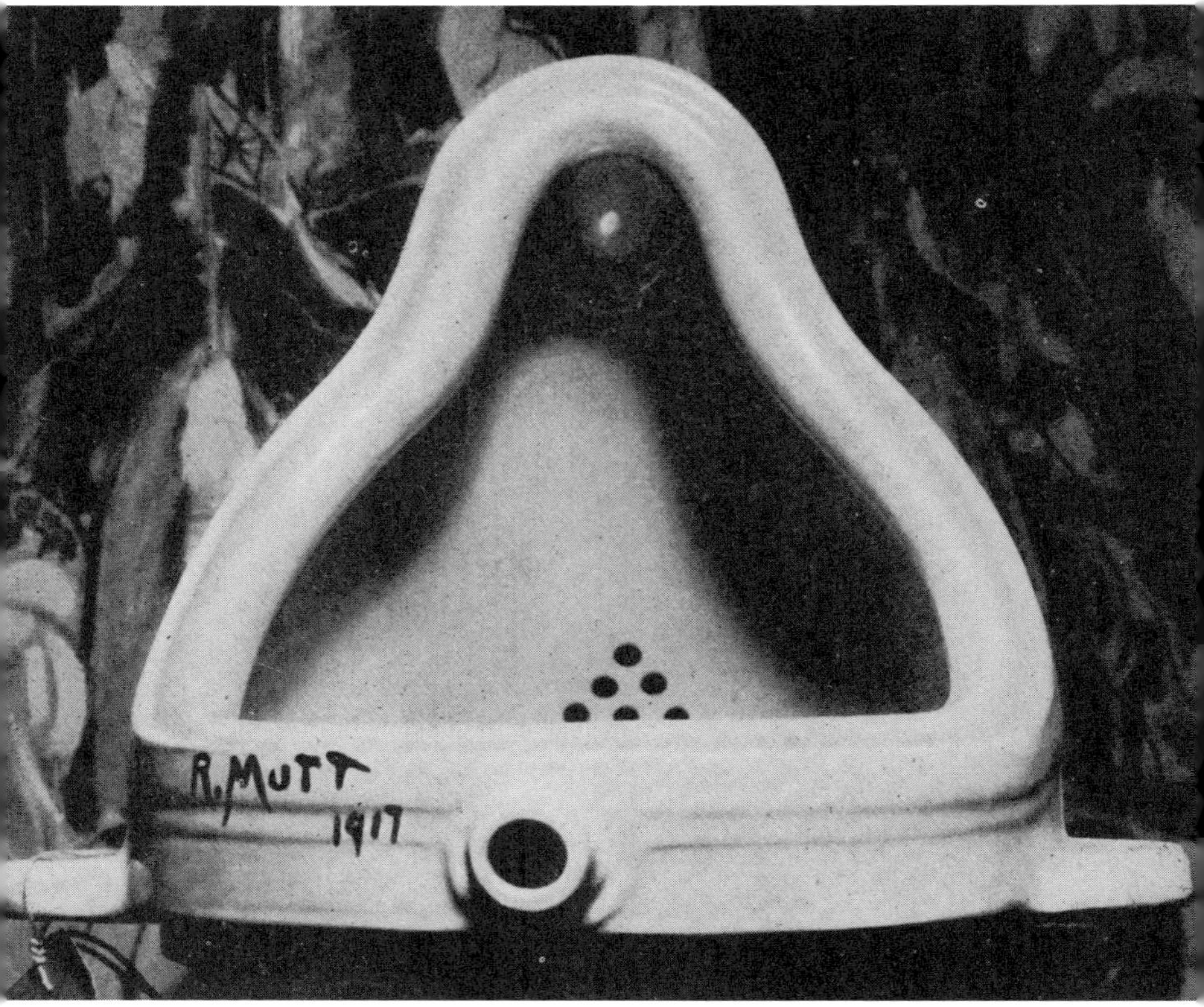

「泉」（マルセル・デュシャン）――「現代アートの父」と呼ばれるデュシャンは、ただの便器にサインをしただけの作品を出展し、アートの概念を問い直した。表現技法そのものの巧拙だけではなく、文脈次第であらゆるものが表現になり、社会に課題を提起できることを示した。

「私の仕事は『表現』じゃない」それは本当ですか？

「あなたは『表現』をしていますか？」――そう聞かれたときに、「はい、しています！」と即答できる大人は、あまり多くはないはずだ。たとえTwitterやFacebook、Instagram、ブログをやっていても、「表現というほどではないですが……」などと謙遜する人がほとんどだ。とくにビジネスパーソンとして、1日の時間の大半を「他人モード」で過ごすのがあたりまえになると、「自分は表現とは無縁だ」と考えるようになる。かつての僕もそうだった。

P&Gでマーケターとして働いていたころ、消臭剤「ファブリーズ」のマーケティングを担当することになった。マーケティングに関しては徹底したデータ・ドリブンを貫いていたP&Gは、この商品を使っている人の年齢層・所得層・家族構成・居住地・ライフスタイルなどなど、大量のデータを収集・分析していた。

いまでこそ「ファブリーズする」という言葉もあるほどの認知度ではあるが、当時のファブリーズはまだ、「いかにして『主婦層』から『お父さん・お子さん』にまで認知を広げるか」を課題としている段階だった。男性もののジーンズやスーツ、部活動のシューズや野球グローブにも使える商品だと知ってもらう必要があったわけだ。

そこで僕たちは、まだリーチできていないユーザーやファブリーズできるアイテムを定量データから分析し、ターゲットの優先順位を決めた。

そこからやったことと言えば、広告代理店に依頼し、具体的な使用シーンを含んだ15秒のテレビCMをお願いしたことくらいだ。こちらの問題意識を伝えると、後日、代理店のクリエーターチームが、CM用ストーリーをまとめた絵コンテを作成してきてくれた。

要するに、マーケターと言っても、そこにはクリエイティブな要素はほとんどないわけだ。駆け出しマーケターである僕の不服そうな表情を読み取ったのか、当時の先輩が僕にこんなアドバイスをしてくれた。

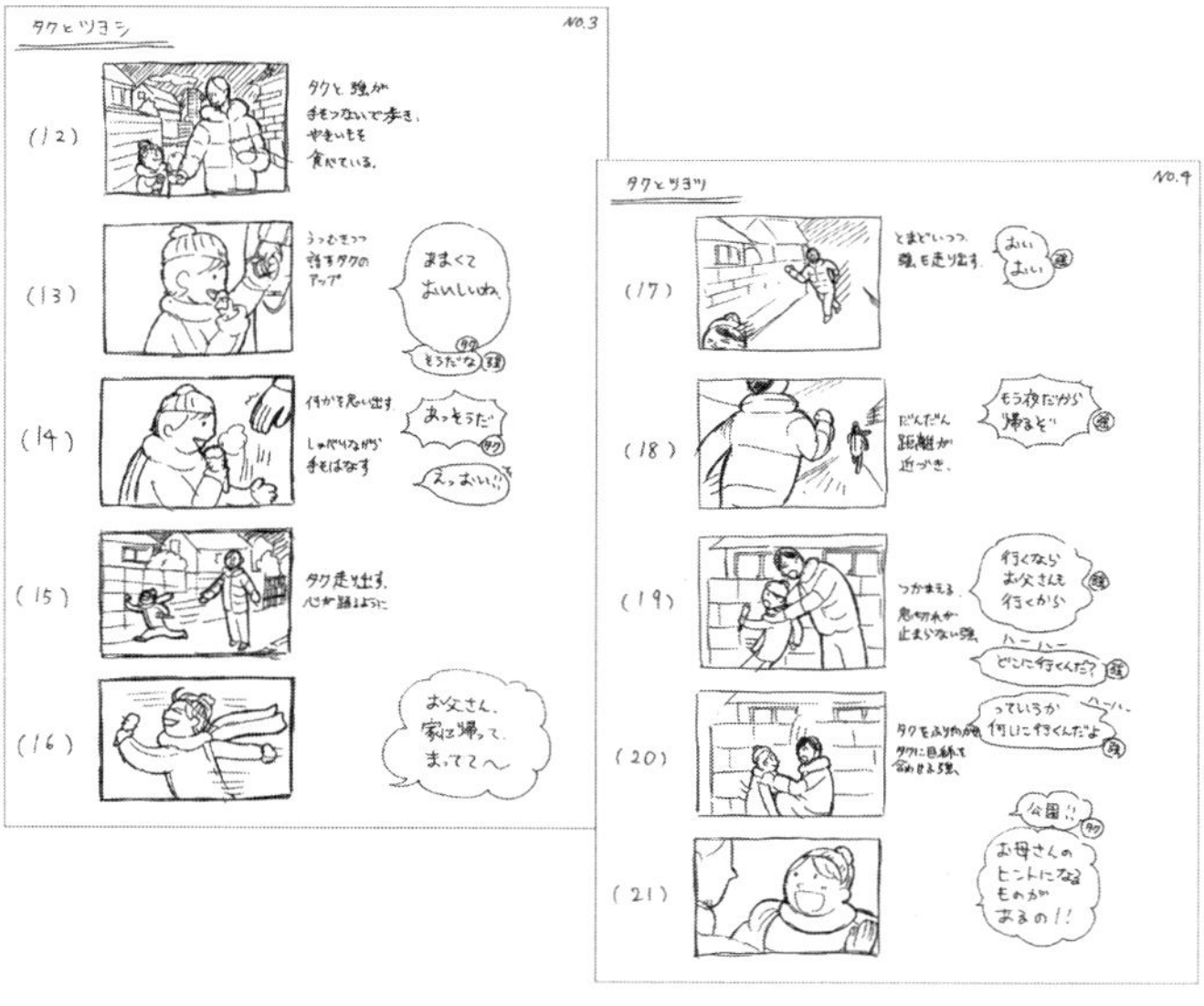

図5-1：CM絵コンテ（イメージ）

「佐宗くん、僕たちは広告表現には口を出すべきじゃない。マーケターの仕事は戦略策定までだ。広告クリエイティブを考えるのは、あくまでもクリエーターたちの仕事だからね。この線引きを忘れないように――」

その先輩曰く、クライアント企業の担当者である僕が下手に口を出すと、代理店側は言うことを聞かざるを得ない。クライアントの意見を反映した結果、CMのストーリーが壊れてしまうことも少なくない。だから、「餅は餅屋」という具合に、広告表現については「丸投げ」を基本にするべきだ――。

このときに教えられたことは、長らくのあいだ、僕のなかに根づいていたし、いまでも一面の真理を含んでいるように思う。クリエーター系の職業ではないかぎり、ビジネスマンは「表現の手前まで」の仕事にフォーカスするべき、というわけだ。前述の「あなたは『表現』をしていますか？」に即答できない人も、きっとこれと同じような考え方を持っているのだろう。

思うに、これこそが僕たちが乗り越えるべき最後の呪縛だ。妄想→知覚→組替という3つのプロセスを通過し、「ビジョンのアトリエ」の最後の部屋に到着した僕たちは、「表現の手前」で立ち止まることなく、「向こう側」に踏み出さねばならない。

といっても、それは決して難しいことでもなんでもないし、「表現」という言葉の前で怖気づく必要もない。なぜなら、ここまでのプロセスのなかで、みなさんはすでに「表現」をするための準備をほとんど整えているからである。

あとはほんの少しの工夫があれば十分——。この章ではそれについてお話ししていこう。

イタレーション(反復)が「手で考える」のカギ

たったいま、僕は「表現」をビジョン思考の「最終プロセス」だと位置づけたが、忘れないでいただきたいのは、妄想・知覚・組替・表現はあくまでも「サイクル」であり、「円環」の一部分であるということだ。とくに表現について言えば、これはまさに「終点」であると同時に、「始点」でもある。「すべてのビジョン思考は表現からはじまる」とさえ言っていい。

まずは次ページのスケッチを見てほしい。これはパーソナル・コンピューターの父、アラン・ケイが「Dynabook」を構想した際のスケッチだ。ユーザーの行動なども併せて描かれており、iPadなどのタブレットにそっくりなのが見て取れる。驚くべきことに、これが描かれたのは1960年代である。タブレット端末という「妄想」は、かなり以前から構想されていたわけだ。

ここでもう一度思い出してほしいのが、「手を動かして具体化しながら考える」という構築主義の思考法である。そこでは、発想のスタート時点において、箇条書きメモのような文章ではなく、まず具体物(ビジョン)をアウトプットする。このように、試作品(プロトタイプ)によってアイデアをブラッシュアップしながら、同時に実現化に向けて歩き出す手法をプロトタイピングと呼んでいた。

プロジェクトを通じてアイデアを実現させる一般的なプロセスと比較すると、プロトタイピングは「時間の使い方」が明確に異なっていることがわかる。左図のグラフは横軸を時間、縦軸をアウトプット(表現)の完成度として、両者の違いをイメージ化したものである。

ご覧のとおり、プロトタイピングにおいては、まず具体的な試作品をつくる「表現」のプロセスが最初に来る。そして、その成果物を前にしながら議論を行い、再度、より完成度の高いプロトタイプを生み出していく。

重要なのは、与えられた時間のなかで、どれだけ「具体化→フィードバック→具体化」を繰り返せるかである。このような反復は「イタレーション

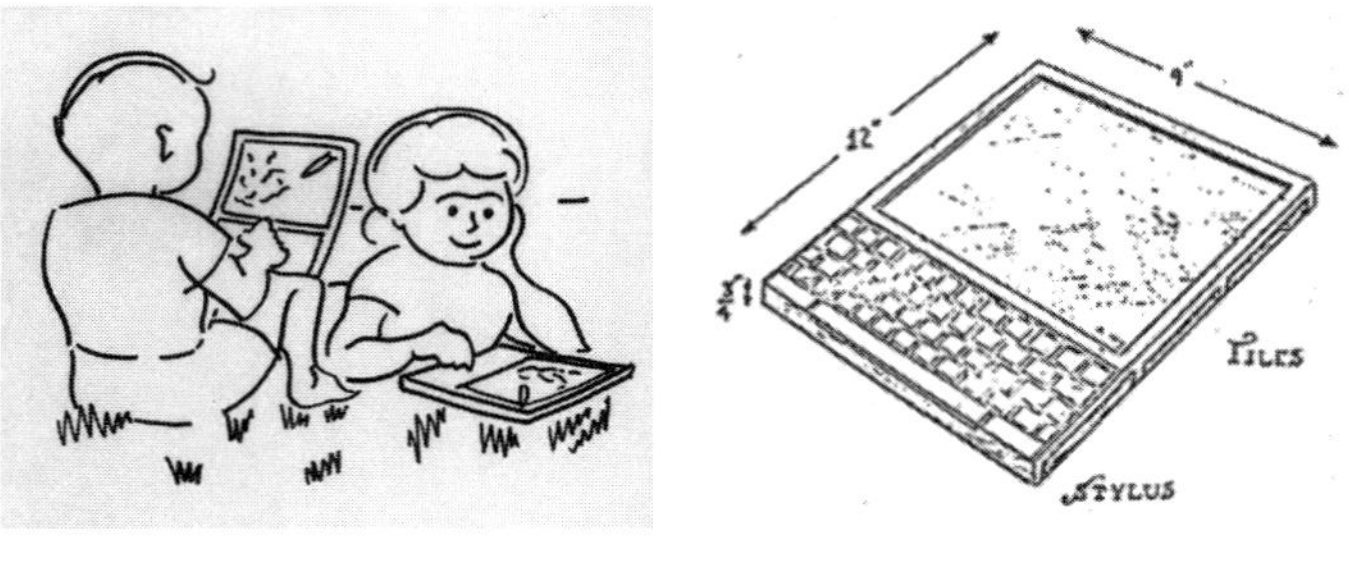

図5-2: プロトタイプのスケッチ(アラン・ケイのDynabook)[1]

（Iteration）」と呼ばれている。メディアアーティストや起業家としても活躍する筑波大学准教授の落合陽一氏もよく使う言葉だが、「イタレーション」はつくり手にとっての基本動作のようなものだ。

これに対して、一般的な開発のほうに注目すると、具体化のプロセスは最後に来ているうえ、そもそも、そこにはあまり時間が割かれていない。むしろ、その手前の調査・分析や議論、企画というLモードにリソースが偏っていることがわかる。

僕たちの仕事のやり方は、往々にしてこうなりがちだ。少なくとも、なかなか企画がかたちにならず、PCの前でイライラを募らせていたかつての僕は、まさにこういう時間の使い方をしていた。

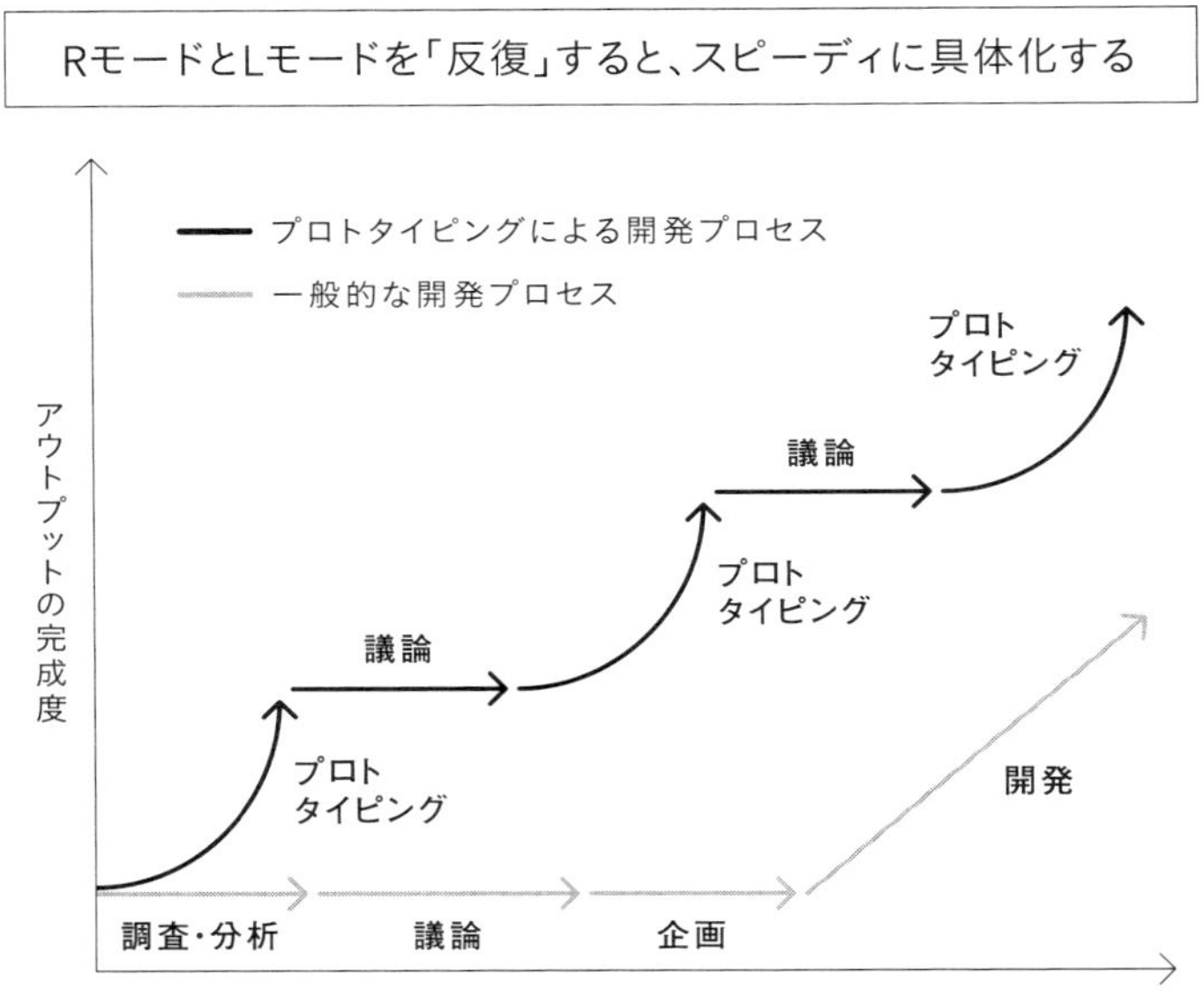

図5-3: プロトタイピングによる開発プロセスの特徴

早めの失敗は儲けもの
——「鳥の目」と「虫の目」

しかし、デザインスクールでプロトタイピングメソッドを学んだことで、僕の仕事のやり方は根本的に変化した。締め切りや納期が1週間後であれば、まず1日目には手書きでラフな試作品をつくってしまい、翌日すぐに上司やクライアントに見せる。人と対話をするなかで、自分がつくったものを「鳥の目」モードで客観的に見直し、修正するべきポイントを絞っていくのだ。そうしたら、今度はまた「虫の目」モードになって一人で作業をし、もう少しだけ完成度を上げていく。それを繰り返して生まれる1週間後の最終アウトプットが、相手のニーズを外していることはまずない。

次ページの写真は、僕があるポスターを作成したときの様子だが、最初はラフな手書きスケッチを3パターンほど作成している（写真左側）。その後、チームのメンバーと議論して方向性を決め、さらにより完成度の高いバージョン（写真右下）として具体化したあと、再度フィードバックをもらった。このときは3週間が与えられていたが、最終的なアウトプット（写真右上）にたどりつくまでに、2回のイタレーションを挟んだことになる。

ここからわかるとおり、プロトタイピングの第1のメリットは、「早めに失敗できること」である。このポスターをつくるとき、もしも僕が誰にも相談することなく、じっとPCの前で考えてから手を動かしていたらどうなっていただろうか？ ひょっとしたら僕は、今回ボツにした手書きスケッチのどちらかを選んでいたかもしれない。僕はフィードバックを求めることで、これら2つの案に関して「早めに失敗」できているわけである。

実際の商品開発などの現場では、逆に、「遅すぎる失敗」の例が起きているかもしれない。とくにいまは時代の変化スピードがあまりにも早い。綿密な調査に基づいて、何カ月にもわたって会議を重ね、設計や材料調達が終わったところで、「……ところで、いまさらこんな商品、誰が買うのだろう？」となってしまうことがある。もはやこの段階では製造しないわけにはいか

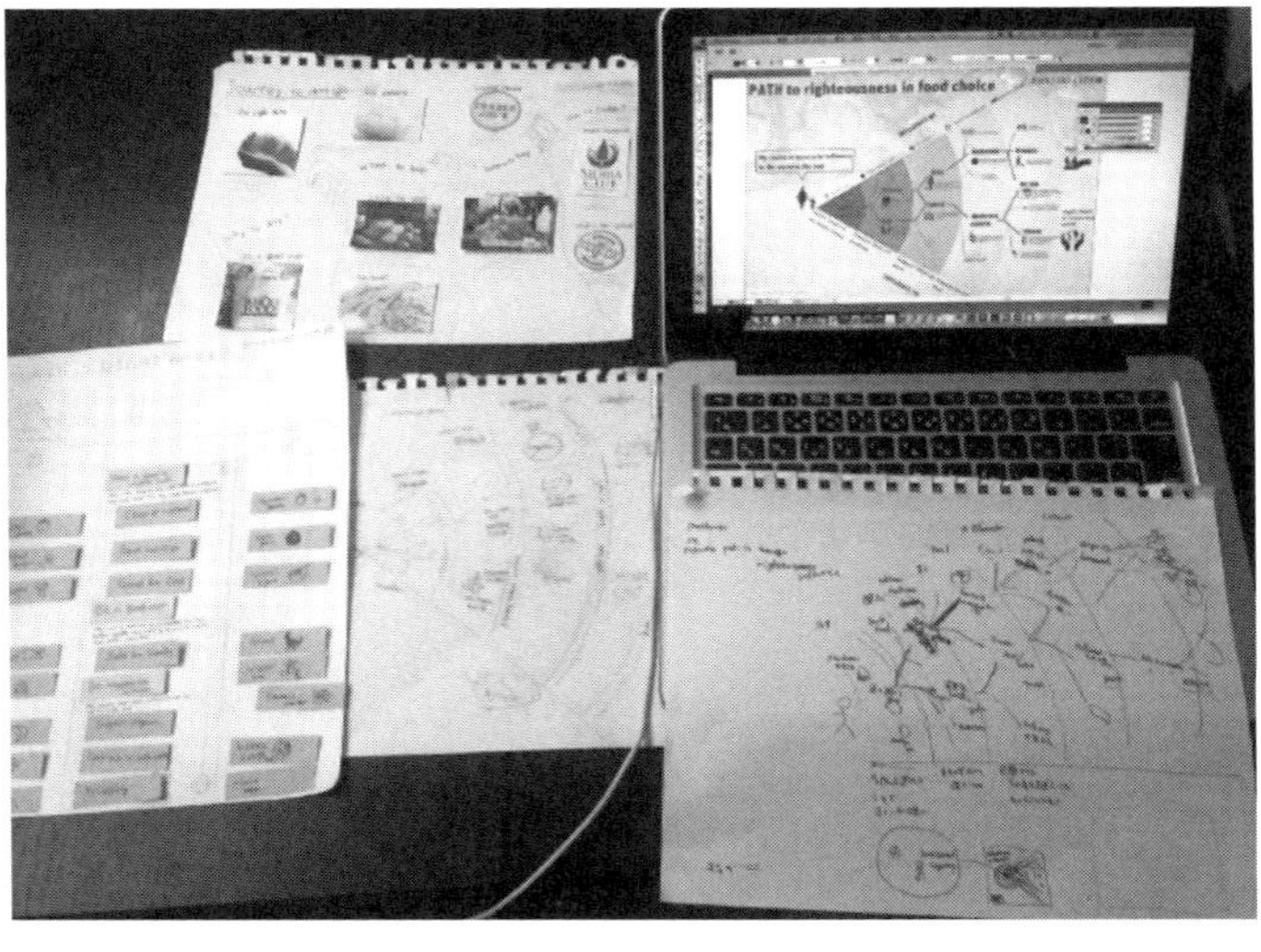

図5-4: イタレーションにより、アウトプット精度を高める

ないが、無理にリリースしても結局売れないケースのほうが多い。これは「失敗するのが遅すぎる」のである。予測不可能なＶＵＣＡの時代だからこそ、「いかに早めに失敗するか」が重要なのだ。

「速さ」こそが「質」を高める

プロトタイピングの強みは、これにとどまらない。先ほどの図（２１７ページ）では、「一般的プロセス」と「プロトタイピングプロセス」の最終的な完成度（縦軸）は、後者のほうが高くなっていた。実際のところ、「具体化→フィードバック→具体化」のイタレーションがあるほうが、作業の質はより高くなりやすいのである。

「マシュマロ・チャレンジ」という有名なゲームをご存知だろうか？　マシュマロとスパゲッティとマスキングテープだけを使い、３〜４人のチームで制限時間内に「できるだけ高い塔」をつくるというゲームだ。このゲームでのパフォーマンス（塔の高さ）をいろいろな集団ごとに比較すると、建築家とエンジニアのチームや、経営陣（ＣＥＯと管理責任者たち）のチームは、それなりの結果を出している一方、第3位になったのは「幼稚園児」だ。会社を経営するような人であっても、ＣＥＯだけを集めたチームになると、幼稚園児に敗北している。弁護士やＭＢＡ学生に至っては惨憺たる結果だ。

この実験では、子どもの「手で考えながら遊ぶ」のパワーが遺憾なく発揮されている。幼稚園児たちはゲームがはじまるやいなや、思い思いに手を動かしはじめ、そこで試行錯誤を繰り返すなかで、「どういう構造にすると、より高い塔ができるか」を発見していく。

これに対し、たとえばＭＢＡ学生たちのチームは、戦略を構想するところからはじめ、いろいろな可能性を考えたうえで、ラスト１〜２分になってようやく手を動かしはじめる。すると、どこかで予想外のことが起こり、残り時間わずかというところで塔が崩壊してしまう。こうなると、彼らにはもはや何も代替案がなく、非常に不完全な構造物をつくったところで制限時間が来てしまうというわけだ。

手を動かして考える分、幼稚園児はエリート層よりも創造的

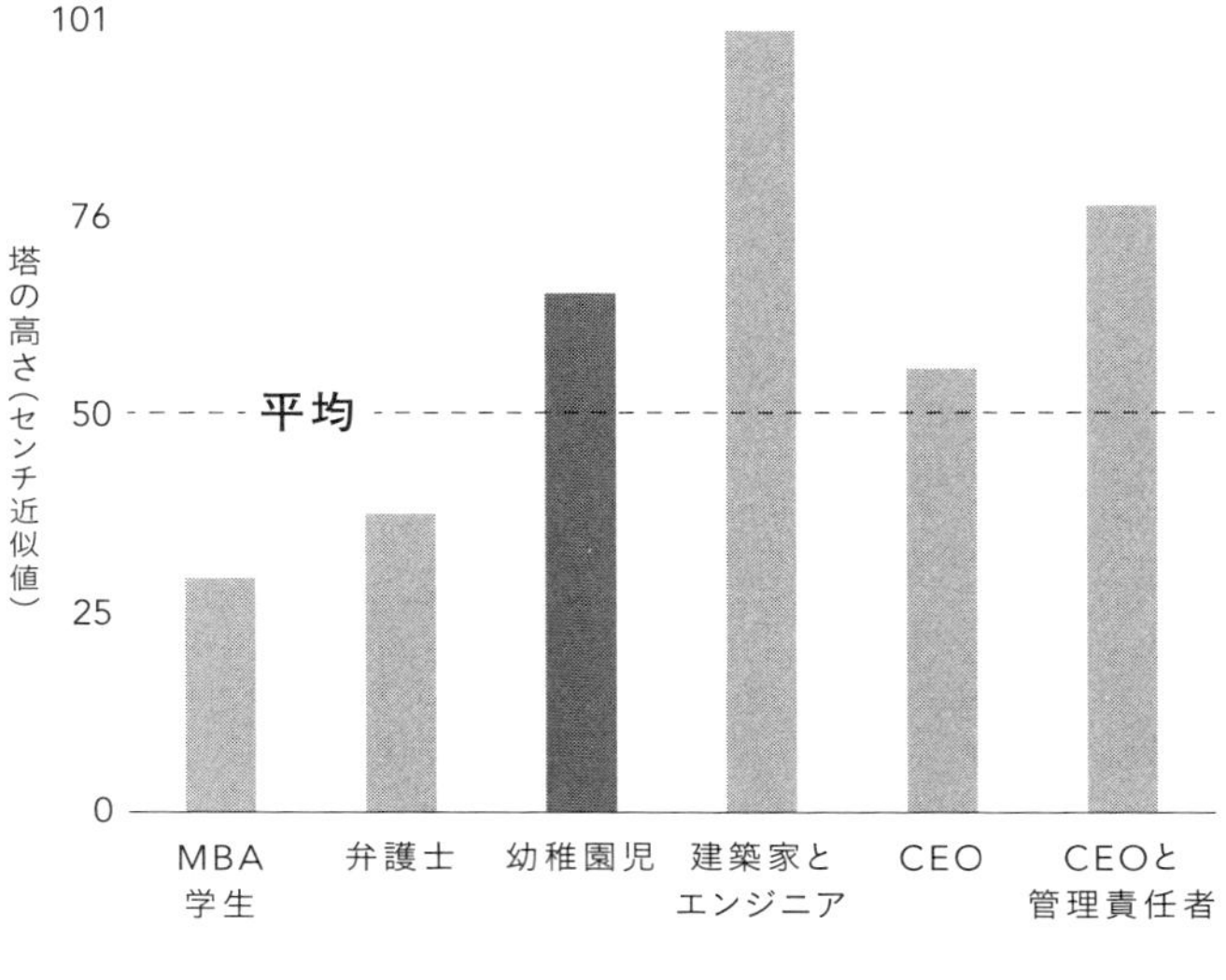

図5-5: あなたの創造力は5歳児より上か？(2)

僕のワークショップでも、参加者の人に「これから目の前のレゴを使って、できるだけ背の高い構造物をつくってください。制限時間は30秒です」と伝えると、ほとんどの人はすぐにLモードが働き、「どうすれば安定させられるか?」とか「土台をこうするのがいいのでは?」などと考えているうちに時間が経ってしまう。この課題での「正解」は、何も考えずに手を動かし、直方体のレゴブロックを真っ直ぐに積み上げることだ。レゴのジョイント部分は意外としっかりしているので、30秒で積める程度の量であれば、自重で倒れてしまうことはない。

プロトタイピングがパフォーマンスに与える影響については、学術的な検証も進んでいる。カリフォルニア大学サンディエゴ校の認知科学者スティーブン・ダウは、グループをAとBの2つに分け、「落ちてくる生卵を割れないようにキャッチするカゴをつくる」というタスクを彼らに課した。プロトタイピングとそれに基づく改善を繰り返すことを許されたグループAは、平均6フィートの高さから落としても卵が割れないカゴをつくったのに対し、「一発勝負」で設計するように言われたグループBでは3・5フィートという結果に終わってしまった。[3]

「時間をかければかけるほど、よいものができる」というのは、ある一面では真理かもしれない。しかし、できることなら、「頭」よりも「手」を動かすことに時間をかけたほうが、表現の質は高まりやすいということは、ぜひとも覚えておいてほしい。

ここまでの議論からおわかりいただけていると思うが、僕がビジョン思考の一プロセスとして語ろうとしている「表現」は、最終的なプロダクトや作品をつくることを必ずしも意味しない。表現はゴールではなく、そこから有益なフィードバックや気づきを引き出し、次なるバージョンアップへとつなげていくための手段である。その意味では、ビジョン思考の世界では、原則として「最終成果物」というものはあり得ない。存在するのはつねに「更新」を控えた試作品、いわゆる「永遠のβ《ベータ》版」である。僕がさきほど、「『表現』に踏み出すのは、難しくない」と書いた意図もここにある。そして、旅はまた続いていく。人生なんてそんなものだ。

では、実際に僕たちが「表現（プロトタイピング）」を行う際には、どんなことに気をつければいいのだろうか？　どんな「余白（キャンバス）」を用意し、どんな障害を取り除けば、僕たちは表現することへと踏み切れるのだろうか？　ここでも気をつけることは3つある。

①表現の「動機づけ」をする
②表現を「シンプル」にする
③表現に「共感の仕掛け」をつくる

以降ではそれぞれを1つずつ検討していくことにしよう。

「手で考える」を邪魔するもの
——表現の余白づくり①

まず必要なのは、「習慣」や「動機づけ」をつくることである。

もしあなたがいま、プロトタイプ思考を実践できていないのだとすれば、それはなぜだろうか？

おそらく理由は2つある。

まずは、「手」よりも先に「頭」を動かしてしまう思考の「クセ」が染みついているから。さらに、自分の手を動かしたり、他人に表現してみせたりすることを避けようとする「感情」があるから。

こうしたクセや感情をなんとかする必要がある。

表現を動機づける方法　「とりあえずＰＣ」の惰性を断ち切る

表現のための「習慣」については、人によってさまざまなアプローチがあると思うが、僕がよくアドバイスしているのは、「まずＰＣを立ち上げない」ということだ。

かつての僕自身を振り返ってみても、「よし、企画を考えよう」というときに、ＰＣに向かってしまうと、まったく手が動かなくなることがあった。真っ白なパワーポイントのスライド画面に向かってテキストを打ち込んでいると、何より僕自身がそのアイデアにワクワクを感じていないという事実に気づかされる。しかし時間は限られているから、なんとか体裁だけは企画書っぽく整えて上司のところに持っていく。すると案の定、あまり芳しい反応が得られない——そんなことの繰り返しだったように思う。

プロトタイプ思考の基本の「キ」は、Build to Think、要するに「手を動かして考える」である。そのためには、何か考えようとするときに、惰性でワードやパワポを開くクセを断つのがいちばんだ。騙されたと思って、まずは手書きからはじめる習慣を身につけよう。

また、手書きするときも、単なる箇条書きではなく、図やイラストのスケッチ、また、ポストイットを使った可動式メモ（181ページ）などを取り入れるようにする。ひとまず深く考えずに手を動かしたあと、それを見直しながら、「清書」するようにすると、なおよしだ。最近は、大手企業の新規事業部門などでも、タブレットに取り込んだ手書きの絵で、企画の内部承認を取ったりすることが認められつつあるという。

とはいえ、ビジネスシーンの多くでは、最終的な書類を「手書き」で出すわけにはいかない。ここでつくった手書きメモを、デジタルな形式でまとめ直す必要が出てくる。これこそが手書きのもう1つのメリットだ。まず「手書き」からはじめることで、「デジタルなかたちでのブラッシュアップ」というイタレーション・プロセスが用意されるからである。これも間接的な意味では、「余白づくり」の1つだと言えるだろう。

表現を動機づける方法　「アウトプットせざるを得ない状況」をつくる

表現に対するモチベーションを抑え込んでいる最も大きな要因は、恐怖心や自信のなさだろう。これは日本人にとくによく見られる傾向で、「正解主義」のなかで結果を出してきた学歴エリートなどにも多い。要するに、「完璧に仕上げたアウトプットでないと、他人に見せられない」という完璧主義である。

こういう人は、自分が出したアイデアにネガティブなフィードバックをされるのを極度に恐れており、ときには「アイデアの否定＝人格の否定」であるかのように怒り出したり、落ち込んだりといった反応を見せることもある。ワークショップなどの場でプロトタイピングの思想を解説すると、一定の反発に直面することがある。「フィードバック恐怖症」の人にとっては、「不完全なものをつくって、それを他人に見せる」というのは、かなり恥ずかしいことなのだろう。

……と、他人事のように書いたが、僕だってアイデアを人からほめられればうれしいし、けなされれば落ち込む。それは当然のことだ。

それでも僕がプロトタイピングの道を選ぶのは、ギリギリまで頭ばかりを動かし、最終的にイマイチなアウトプットをするほうが、より「恥ずかしい」と感じるからだ。そんな「大ケガ」をするくらいなら、より早い段階で「ツッコミどころ満載なアウトプット」を自らさらしてしまい、「小さなケガ」を何度かするほうが、はるかにマシではないか。これは価値観の問題かもしれないので、押しつけるつもりはないが、「自尊心を守りたい人」「本当はとても臆病な人」にこそ、プロトタイピングをおすすめしたいと思う。

ネガティブな動機づけを打ち消すには、このような発想転換が有効なのだとして、より積極的に自分自身を「表現」へと駆り立てるには、どんなアクションが必要なのだろうか？

プロトタイプ思考がアウトプットの質を高めることはすでに述べたが、それを知っただけで、「やってみよう！」というモチベーションを持てる人は少ないだろう。結局、「まず手を動かす」「表現からはじめる」を実践できるかどうかは、「強制力」の有無によるところが大きい。つまり、そうせざるを得ないような状況をつくれば、自ずとプロトタイピングへの動機づけは生まれるのである。

いちばん手っ取り早いのは、「他人のスケジュールを押さえてしまうこと」だろう。「親しい友人と約束し、『年に1度の振り返りデー』の日程を決める」という方法（116ページ）をすでにご紹介したが、このように他人を巻き込むことで、僕たちには「かたちにしなければ……」というプレッシャーが生まれる。要するに、その日程そのものに「表現のための余白（キャンバス）」としての意味を持たせてしまうわけである。

会社の先輩・上司に「個人的にお見せしたいものがあるので、来週水曜の18時に15分だけ時間をもらえませんか？」と相談するのもいいだろうし、社外での勉強会などの場を利用してもいい。それ以外にも、コンペや展示会・発表会など、世の中に披露する時間・場所を先に決めてしまう方法はいくらでもある。

実際、段取り上手な人を観察していると、ある程度まで企画が固まってきた段階で、先に「アウトプットの締め切り」を決めてしまい、チームの力にうまくレバレッジをかけたりしているものだ。

こういう短期ゴールが設定されると、具体化に対する切迫感をグッと高めることができる。これは、組替の再構築のところでも触れた「オリジナルの四字熟語」のように、アウトプットのフォーマットを無理やり決めることにも通じるところがある。

僕自身、これまで考えたりブログに書いたりしてきたことはたくさんあったが、「一冊の本にまとめて、この時期に出す」という出版社からの提案がなければ、ここまでのアウトプットはできなかっただろうと思う。

「手を動かす」モチベーションが湧いてくるのを待っていてはいけない。肝心なのは、手を動かさざるを得ない状況を、どこまで戦略的につくっていくかなのだ。

CLUE

ビジョン・アートの作品展示会

表現に対するモチベーションを高めるには、少なくてもいいので仲間を集め、自分のビジョンを表現した作品を「展示」する日程を決めてみてほしい。

妄想→知覚というインプットを経て、組替→表現のフェーズに入ってくると、自分のアウトプットに対するモヤモヤ感が高まってくる。いわゆる「産みの苦しみ」のステージである。このピークを乗り越えたとき、「創造モード」が降りてくる。ちょっとくらい寝ていなくても、勝手に手が動き続けることもあるだろう。これが「フロー状態」だ。「考えたアイデアを人に披露する」という具体的ゴールを設定し、自分にプレッシャーがかかる状態をつくったほうが、フロー状態のスイッチは入りやすい。

僕が担当した京都造形芸術大学での一連の講義では、最終回に「僕らの未来展」という展示会を行った。個々人が磨いてきたアイデアを「一つの作品」としてアウトプットし、それに対して生徒同士でフィードバックし合う場を設けたのである。よちよち歩きのビジョン表

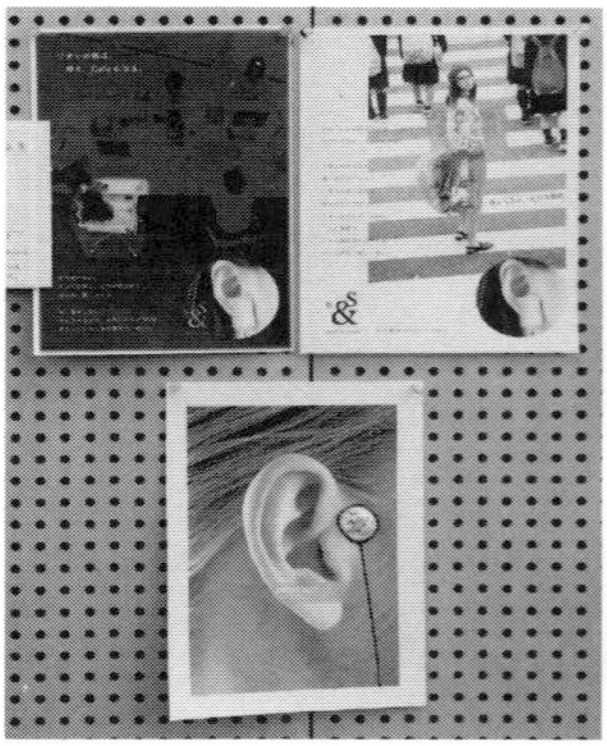

外とつながっているイヤホン

スマホを休めてあげたくなる充電器

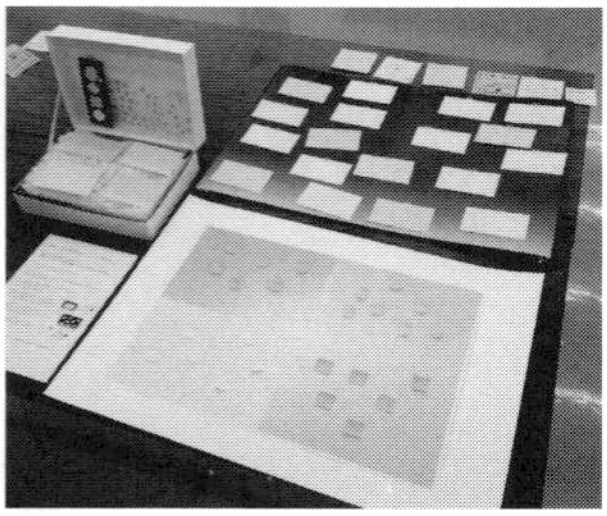

空のキャンバスに現れる問いかけ

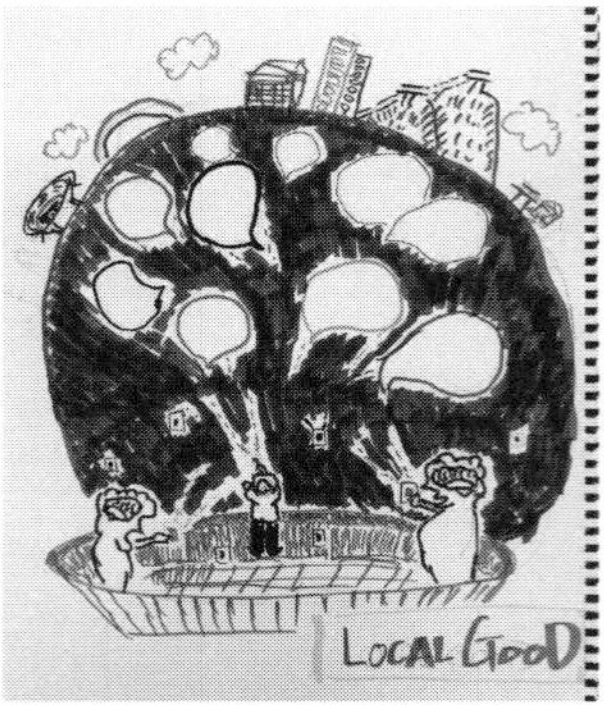

LOCAL GOOD

薄い膜に覆われるリラックス空間

終了後に行った寸評会の様子

図5-6: 表現の場をつくる（京都造形芸術大学で行った「僕らの未来展」）

現者にとっては、本気で表現した作品を誰かに見てもらう機会ほど貴重なものはない。そこで得られたポジティブな批評や称賛の声は、今後「人生芸術の山脈」を登り続けるうえで、かけがえのないモチベーションを与えてくれる。

意見をもらうための「伝わりやすさ」
――表現の余白づくり②

完璧主義に陥ることなく、「早めの小さな失敗」を受け入れていくことは、プロトタイピングにおける基本中の基本である。しかしこれは、「他人からの意見を恐れずに、何でもいいから思ったとおりに表現すればいい」というだけの話ではない。なぜなら、僕たちがつくるプロトタイプは、周囲から有益なフィードバックを引き出すことで、さらにアイデアを磨き上げていくことを目的としているからである。プロトタイピングの成否は、相手からどれだけ「次の改善につながる意見」をもらえるかで決まると言ってもいい。

とくに、最初のプロトタイプは「誰」に見せるかが重要だ。初期段階では、アドバイスが的確かどうか以前に、アイデアをしっかりと理解してもらい、ポジティブな反応をもらうことが欠かせないからである。プロトタイピングのよさは、表現の完成度と並行して、アイデアに対する「自信」なり「手ごたえ」なりを高めていけることにある。フィードバックのファーストステップでは、そうした自信をしっかりと醸成する必要があるのだ。

「いいアイデアを思いついたら、まずはほめてくれる人、新しいもの好きな人、ノリのいい人に話せ」

これはソニー時代に先輩からもらったアドバイスだ。同社内で面白いことを考えている人は、これを無意識に実行していたように思う。妄想にせよ、ビジョンにせよ、アイデアにせよ、生まれたてのフワフワなときは、それに対する「自信」を育てなければ、そのあとのステップにつながっていかない。だからこそ、「最初に見せる人」は慎重に選ぶべきだというわけである。

思えば、僕が本格的に戦略デザインの分野に一歩を踏み出せたのも、荒削りでぼんやりとした僕のビジョンに、すばらしいフィードバックをくださった人たちのおかげだ。そのうちの一人が、U理論の提唱者として知られるMIT教授のオットー・シャーマー先生である。アメリカ留学中、僕はいろいろなツテをたどってコンタクトを取り、シャーマー先生に会いに行ったのだ。

2人のほかは誰もいないMITの大教室で、いきなりやってきた見ず知らずの日本人学生が話す「妄想」に、シャーマー先生はじっくりと耳を傾けてくれた。そして最後に彼が語ったのが「それはきっと正しいと思う。あとはただやってみるだけだ」という言葉だった。これを聞いた瞬間、僕のなかで、自分の「妄想」を信じるスイッチが入った。

かなり早い段階でシャーマー先生との出会いをもらえた僕は、本当に幸運だったと思う。こんなふうにタイミングよく人から背中を押してもらえる経験は、一生に数回あるかどうかだろう。中国では、そうやって人を引き上げてくれた人のことを「貴人」と呼ぶのだという。あなたのまわりには貴人はいるだろうか？　あるいは、もしもあなたが誰かから相談を受けたとき、あなた自身は「貴人」になれるだろうか？　「それは正しい。やってみよう」と言えるだろうか？

プロトタイプを見せる相手を「選ぶ」ことは大切だが、そうは言っても、相手のリアクションまではコントロールできない。「この人にならっ……」と思って伝えても、ひょっとした辛辣なコメントが返ってくるかもしれないし、うまく相手に伝わらないこともあるだろう。

そのとき、表現する側がコントロールできるのは、アイデアの質もさることながら、やはり「アイデアをしっかり理解してもらうこと」である。プロトタイプが表現するアイデアが「理解」されない限り、フィードバックの質も高まりようがないのだ。

とはいえ、「説明を丁寧に詳しくすること」はおすすめできない。理由は簡単だ。相手は忙しいからである。表現の動機づけには、相手のスケジュールを「余白」として押さえることが有効だと言ったが、裏を返せば、表現とは「他人の時間を奪うこと」でもある。この制限のうえで、アイデアをどう理解してもらうかということを考えなければならない。そこで役に立つ戦略として、ここでは2つを語っておこう。

表現をシンプルにする方法　一瞬で伝わる「絵」を用意する

自分の「妄想」ないし「ビジョン」を他者に伝えるとき、最も避けるべきなのは、「言葉」や「文章」に頼ることである。いくらそのビジョンが「あなたの根本的関心」とつながっているのだとしても、相手は何も興味を持っていないと思っておいたほうがいい。だからこそ、文字を追う必要がある「テキスト」ではなく、パッと見て理解できる「ビジュアル」に落とし込んでおくべきなのだ。

CLUE

記憶力と創造性が高まる「ビジュアルメモ」

ビジュアルに落とし込む力をより高めたい人には、日頃から「ビジュアル要素」を入れながらメモを取ること（ビジュアルメモ）をおすすめしたい。人からよく「デザインスクールに通ったことで、佐宗さんのなかで何が変わりましたか?」と聞かれることがあるが、パッと

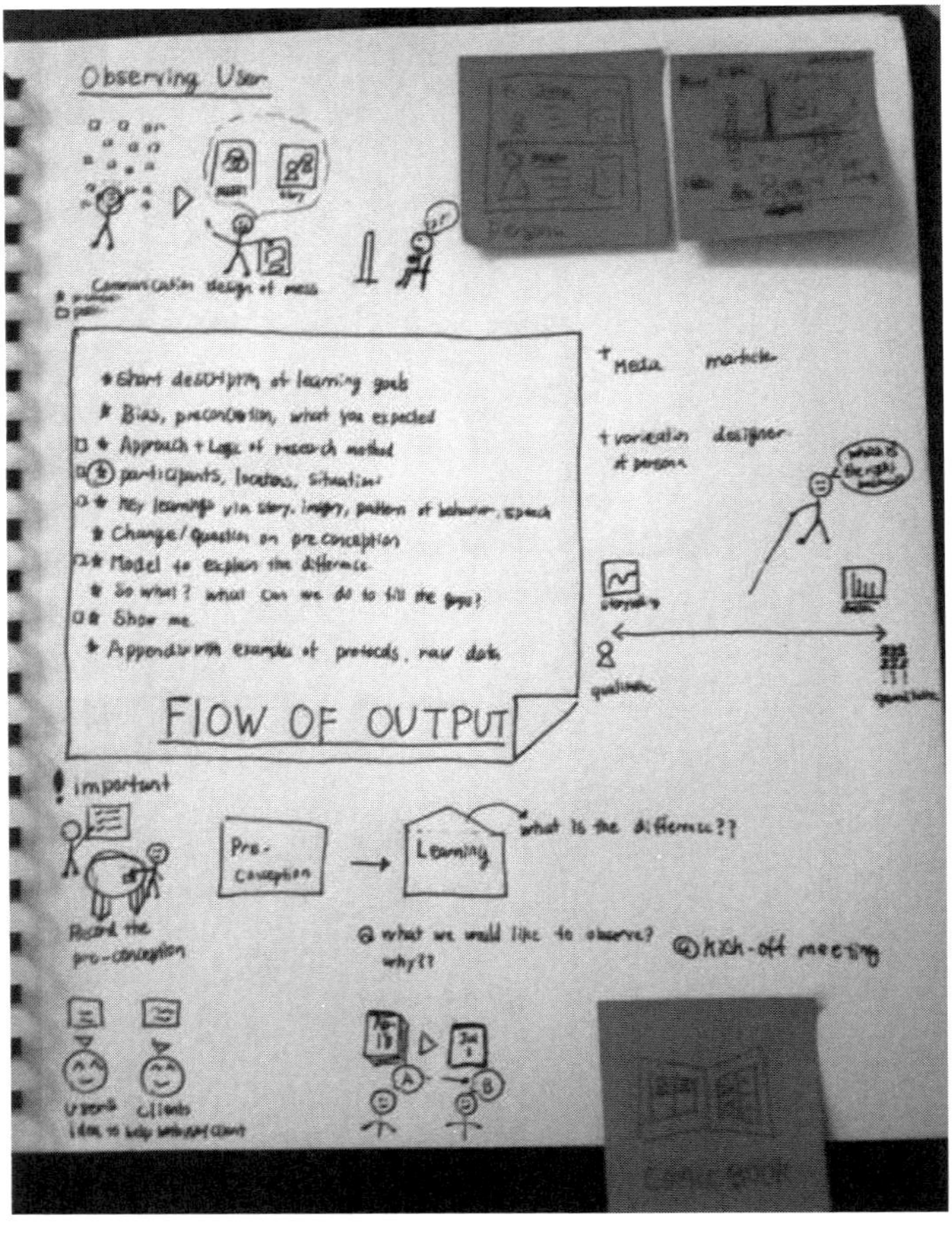

図5-7: ビジュアルメモを習慣づける

思いつくいちばん大きな変化は「ノートテイキングの作法」である。

それまでの僕は、大学のノートなどに箇条書きをするオーソドックスなメモを取っていた。しかし、イリノイ工科大学のデザインスクールでは、日々のノートとして大判のスケッチブックが推奨されており、しかも周囲の学生たちは、講義中にイラストをふんだんに使いながらノートを取っていたのである。

よく意味もわからないまま、それを真似るなかで気づいたことがある。ビジュアルとセットでメモを取ろうとすると、漫然と講義を聞くわけにいかないのである。いい加減な理解だけでは、イラストに落とし込めない。自ずと、脳をフル回

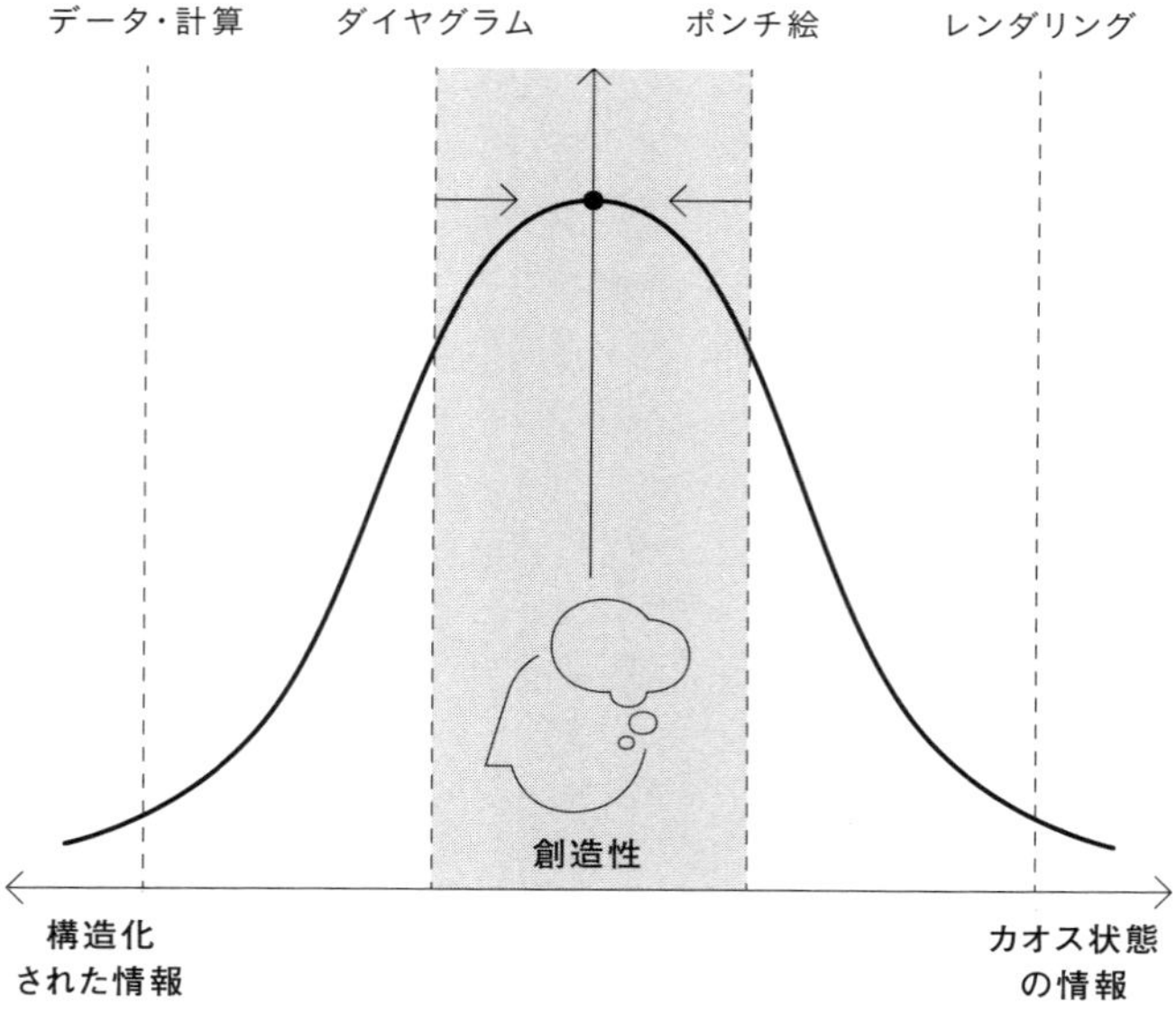

図5-8: どんな情報フォーマットが創造性を高めるのか？(5)

転させて、レクチャーに集中しないといけなくなるのだ。結果として、イラストつきでノートを取るようになって以来、僕の授業理解度は一気に高まった。実際、ビジュアルメモの効用についてはいくつか研究がなされており、落書き（Doodle）の啓蒙家として知られるサニー・ブラウンは、「絵でノートを取ると、文字と比べて記憶定着率が29％高い」と語っている。[4]

視覚化しながら情報をインプットする習慣は、「理解」や「記憶」に対して正の影響を与えるだけではない。ビジュアルメモの習慣は、アウトプットの質にもプラスに作用するのである。「USBメモリの生みの親」として知られる世界的な戦略デザイナー・濱口秀司氏は、あまりに構造化された情報も混沌としすぎた情報も、創造性を高める効果は弱くなると語っている。むしろ、ポンチ絵（フリーハンドの落書き）やダイヤグラム（いわゆる「図解」）のような中間的なフォーマットのほうが、人間の創造性を育むうえでは役に立つのだという。

表現をシンプルにする方法　相手の知識との「接点」をつくる

もう1つの工夫は、相手が持つ知識との「接点」を用意することだ。これを実現するには、メタファー（比喩）が有効である。まったく未知のアイデアであっても、説明のなかにメタファーが組み込まれていると、聞き手もアナロジー（類推）を働かせることができる。たとえば、「観光情報に関するウェブサービス」のプロトタイプを見せるとき、出版業界にいる人には「要するにこれって、観光情報の『図書館』です」という喩え方をするかもしれないが、金融業界にいる人には「観光情報の『銀行』をつくるというアイデアです」と説明したほうが、より理解が進みやすいだろう。要するに、聞き手に合わせて、「接点（メタファー）」をカスタマイズするというやり方だ。

CLUE

「類推」を促す「ビジョン・ポスター」

ここまでご紹介したティップスを忠実に実践するだけでも、みなさんの「妄想

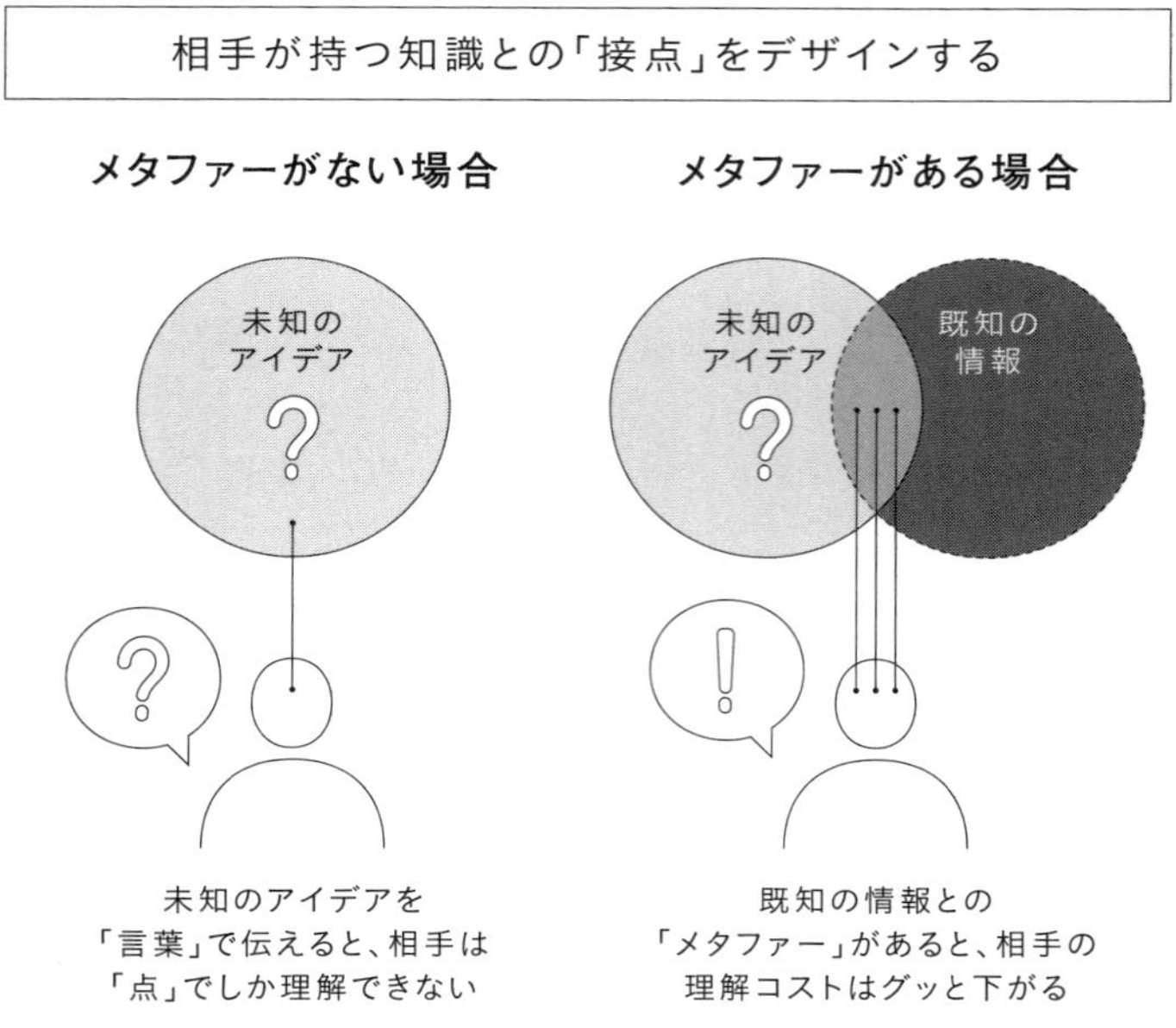

図5-9: 相手の「理解コスト」を下げる「メタファー化」

（ビジョン）」を相当磨き上げることができるはずだ。

□ 妄想を視覚化する「ビジョン・スケッチ」（157ページ）
↓
□ 要素分解を行う「あまのじゃくキャンバス」（188ページ）
↓
□ メタファーを組み込んだ「アイデア・スケッチ」（201ページ）

こうして解像度を高めてきたらアイデアを、いよいよ1枚のポスターにまとめてみよう。

ここまで来たら、PCやタブレットなどのデバイスの力を借りてもかまわない。メタファーを組み込んだ「アイデア・スケッチ」をもとにしながら、あなたの妄想（ビジョン）を一発で伝えるポスターをつくっていく。盛り込む要素としては、次の3つを参考にしてほしい。

□ ネーミング——ビジョンが持っている「本質」を端的に表す名前
□ コピー——そのビジョンの「魅力」が伝わってくる短いフレーズ
□ キービジュアル——ビジョンの「メタファー」を含んだ視覚要素

そのうえで、実際にこのプロトタイプを人に見せるときには、「これは要するに、○○のような××です」というように、メタファーを含んだ説明から入るといいだろう。こうすることで、聞き手は「理解」のための「最初の壁」を乗り越えることができるはずだ。

京都造形芸術大学で僕の講義を受講してくれたある女性は「雑音と音楽とが一緒に聞こえてくるカフェのような空間をつねに実現したい」という妄想（ビジョン）に対して、プロトタイピングを重ねていき、最終的に1枚のポスターを作成した。そこで彼女がたどり着いたのが、「耳を塞がない、帽子型のイヤホン」というアイデアである。

彼女はデザインの心得もあり、Adobe Illustratorなどのソフトも使いこなせたので、非常にクオリティの高いビジュアルに仕上がっていた。とはいえ、最初はそこまでの完成度を目指す必要はない。パワーポイントを使って、写真やイラストを組み合わせていくだけでも十分だ。なお、ブラウザ上で動作するグラフィックデザインツールの「Canva」なら、ポスター作成のための機能が無料で利用できる。作成したポスターは最終的に、印刷可能なＰＤＦとして書き出すこともできる。

□ Canva――https://www.canva.com

図5-10: ビジョン・ポスター（京都造形芸術大学での授業より）

「人を動かす表現」には「ストーリー」がある

――表現の余白づくり③

　ここまで、「妄想」をプロトタイプへと具体化し、人に理解してもらうためのヒントを語ってきたが、最後に忘れてはならないことがある。それは、プロトタイピングの「最終目的」は何かということだ。プロトタイピングは一種の「思考法」「発想法」であるから、この問いは「そもそも何のために考える／発想するのか？」と言い換えてもいいだろう。

　決して答えは1つではないだろうが、僕はこの問いには「人を動かすため」だと答えることにしている。どんなに優れた発想であっても、それを実現するのは一人だけでは難しい。スティーブ・ジョブズのビジョンがいくらすばらしかったとしても、それに共感するパートナーや従業員、投資家や消費者がいなければ、アップル製品がここまで世界を変えることはなかっただろう。ジョブズはビジョン創出の天才であったと同時に、そのビジョンの渦に人を巻き込んでいくことにおいても、類まれな才能を持っていたのだ。

　それゆえ、表現においては、「他人に影響を与えること」を最終目標にするべきだ。いくら魅力的な「妄想」を表現したところで、聞き手が「ほう、それは面白いね！」で終わったら、まだまだ改善の余地はあるということだ。プロトタイプを見せられた側が、思わず身を乗り出して、「私にも手伝わせてくれませんか？」と言い出すレベルを目指したほうがいい。

ＢＩＯＴＯＰＥでは、クライアント企業の新規事業創出をお手伝いすることが多いが、そういうときにも「プロトタイプに共感させること」の大切さを感じる。１００個とか２００個といった事業アイデアがあるなかで、経営陣が「これはモノになる！」と判断するプランには、「市場性がある」「技術がユニーク」「ポジションを取れる」などにはとどまらない特徴がある。

１つは、担当者が「本気」かどうか、そしてもう１つは、アイデアが「具体的」かどうかだ。たとえプロトタイプが荒削りであっても、初期ユーザーや開発パートナーの「具体的な顔・名前」が見えているアイデアは、経営陣からもゴーサインが出ることが多い。経営判断に対する「影響力」を持っているわけである。

何を隠そう、今回の本を僕が書くことにしたのも、まさにプロトタイプに「影響」された結果である。本書の担当編集である藤田さんは、僕に初めて会いに来たとき、Ａ４用紙に印刷した企画書の代わりに、「本の装丁」のプロトタイプを３つ用意していた。決して本格的にデザインされていたわけではなく、パワーポイントで作成した簡易なものだったが、オビコピーも添えて原寸大で印刷されており、非常にワクワクさせられたのを覚えている。僕自身もまんまと「プロトタイプの魔力」に動かされてしまったわけである。

表現に共感させる方法 「どうなるか?」の筋書きを見せる

さて、それでは、聞き手に「共感」を生み出したり、「影響」を与えたりするプロトタイプは、どのようにしてつくればいいのだろうか? ここで僕が提案したいのは、ストーリー(物語)である。メタファーによる「理解」を超えて、さらに「人を動かす」ことを目指すときには、ストーリーが強い味方になってくれる。

ビジネスの文脈でストーリーが語られることは、もはやかなり一般的になったが、僕が初めてストーリーメイキングの概念に出会ったのは、デザインスクールでの「Innovation Narative」という授業でのことだった。そこで与えられた課題が、ハリウッドの映画製作のノウハウを使いながら、「自分が考えた商品・サービスが、ユーザーの生活・人生をどう変えるか」の物語をつくるというものだった。[6]

CLUE 人の心を力強く動かす「英雄の旅」フレーム

ストーリーメイキングの手法のうち、ここでは一つのフォーマットをご紹介しよう。

神話学者のジョゼフ・キャンベルは世界中の神話に見られる共通のパターンを分析し、「英雄の旅」というフレームワークをつくった。この枠組みでは、「主人公」「試練」「メンター」という構成要素をめぐって、7ステップのストーリーが展開されていく。

「英雄の旅」フレームは、ハリウッド映画などにも応用されており、ジョージ・ルーカス監督が「スターウォーズ」シリーズを製作する際に活用したことで有名になった。これ以外にも「ET」「ショーシャンクの空に」「タイタニック」「バック・トゥ・ザ・フューチャー」などにも、同じような物語構造があると言われている。

「英雄の旅」の射程は、フィクショナルな物語の製作にとどまらない。主人公を「ユーザー」、試練を「ユーザーが抱える

物語フォーマットに沿った説明は、人の心を動かしやすい

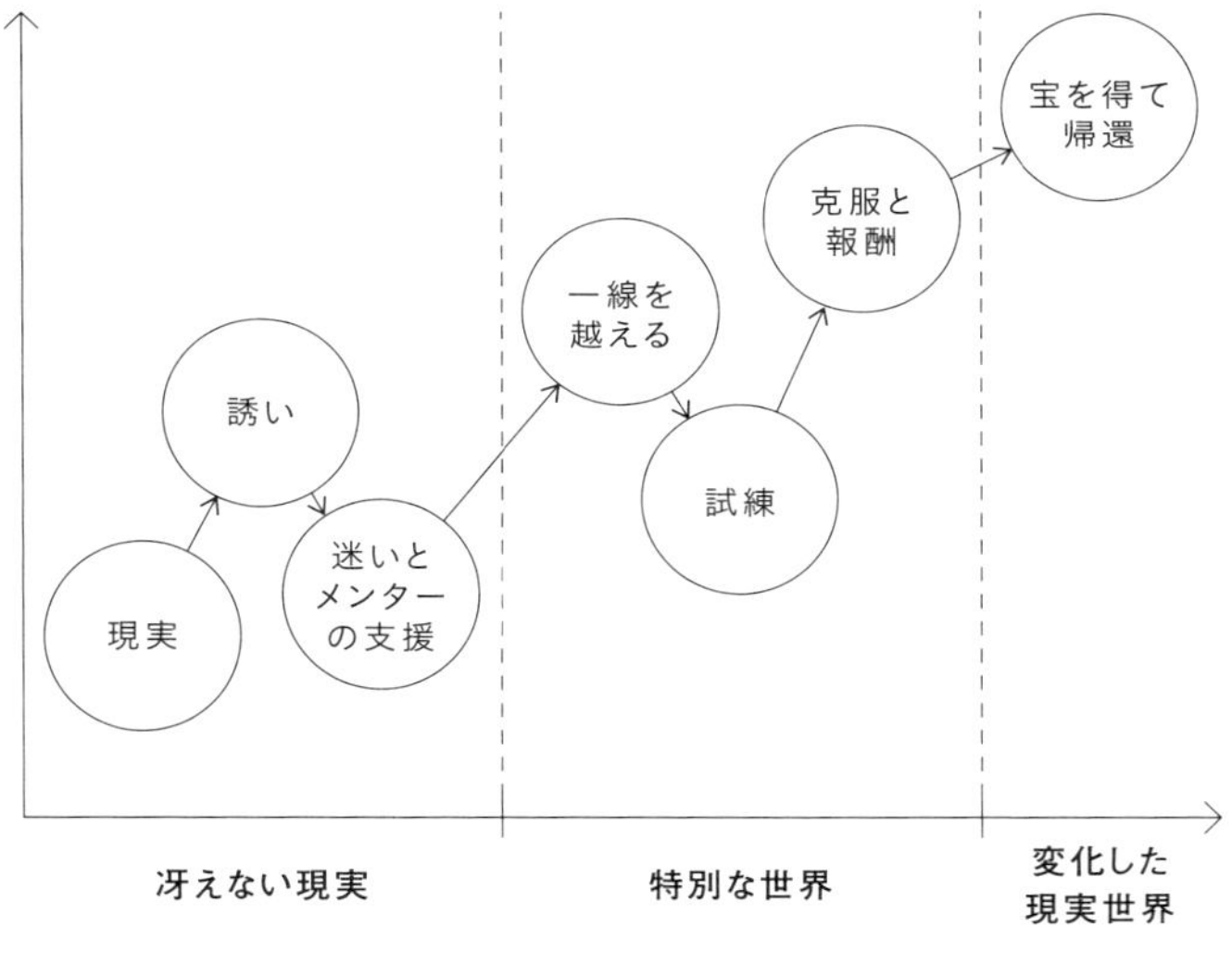

図5-11:「英雄の旅」に見られる物語構造

問題」、メンターを「問題を解決する商品・サービス」へと置き換えることで、ビジネスシーンなどにも応用が効くようになる。要するに、ユーザーが試練を乗り越えて幸せを手に入れるストーリーを生み出せるのだ。

このストーリーフレームを埋めていくときには、まず次の7つの問いに答えながら、「ストーリーボード」を埋めていこう。

①[現実]――主人公は現状でどのような課題に直面しているか？
②[冒険への誘い]――主人公はどのようなきっかけで新たな世界の存在を知るか？
③[迷いとメンターの支援]――主人公は旅立ちを前にどのように感じ、メンターが持つどのような力によって、その世界へ入ることを後押しされるか？
④[一線を越える]――主人公は、どのような覚悟と期待を持って（商品やサービスの世界に飛び込むという）旅立ちを決めるか？　何が覚悟を決めるきっかけとなるか？
⑤[試練]――新たな世界のなかでどのような（複数の）試練と直面するか？　メンターはどのように主人公を支援するか？
⑥[克服と報酬]――主人公はどのようにして試練を克服し、それによってどのような宝物を得るか？

⑦［宝を得て帰還］――宝物を得た主人公は、元の世界に住む仲間を見て、何を思うだろうか？　彼らにどんな声をかけるか？

※置き換え：主人公＝ユーザー／試練＝ユーザーが抱える問題／メンター＝問題を解決する商品・サービス／宝物＝得られるベネフィット

問いに対する答えを書き終えたら、もう一度、全体のストーリーの流れを見直してみよう。

この段階でストーリーに面白みが足りないと感じたら、次の点に注意して「味付け」を変えるといい。

図5-12: 物語を1枚にまとめる「ストーリーボード」

□アップダウンのコントラストを激しくする
□主人公の葛藤を描く
□試練や苦労をできるだけ詳細に描く
□物語を通じて主人公が本当に得るものを描く

最後に、それぞれのステップを端的に表すビジュアル要素を用意する。7枚のポストイットを使う場合は、手書きイラスト（ポンチ絵）でもいいし、よりビジュアルにこだわるならば、TEDのような写真を中心としたスライドをパワーポイントなどで作成してもいいだろう。こうして作成したストーリーを使ってあなたのアイデアを伝えれば、聞き手のなかに共感を生み出し、心を強く動かせるはずだ。

NOTE

(1) Kay, A. (1972). A Personal Computer for Children of All Ages. presented at the ACM National Conference, Boston. [http://www.vpri.org/pdf/hc_pers_comp_for_children.pdf]

(2) Wujec, Tom. (2010). Build a Tower, Build a Team. TED2010. [https://www.ted.com/talks/tom_wujec_build_a_tower#t-258748]

(3) Dow, S. P., Heddleston, K., & Klemmer, S. R. (2009). The Efficacy of Prototyping under Time Constraints. In Proceedings of the 7th ACM Conference on Creativity and Cognition: 165-174.

(4) Brown, Sunni. (2011). Doodlers, Unite!. TED2011. [https://www.ted.com/talks/sunni_brown]

(5) 濱口秀司「アイデアが生まれやすい脳の状態とは?——クリエイティブをマネジメントする方法」ログミー[https://logmi.jp/business/articles/78371]

(6) ハリウッド流の脚本術については、こちらの資料に詳しい。▶Philip Lee「『ハリウッド流ピッチトレーニング』講義録」(平成22年度コンテンツ産業人材発掘・育成事業 プロデューサーカリキュラム)[https://www.unijapan.org/producer/pdf/producer_309.pdf]

終章

「妄想」が世界を変える？

Truth, Beauty, and Goodness

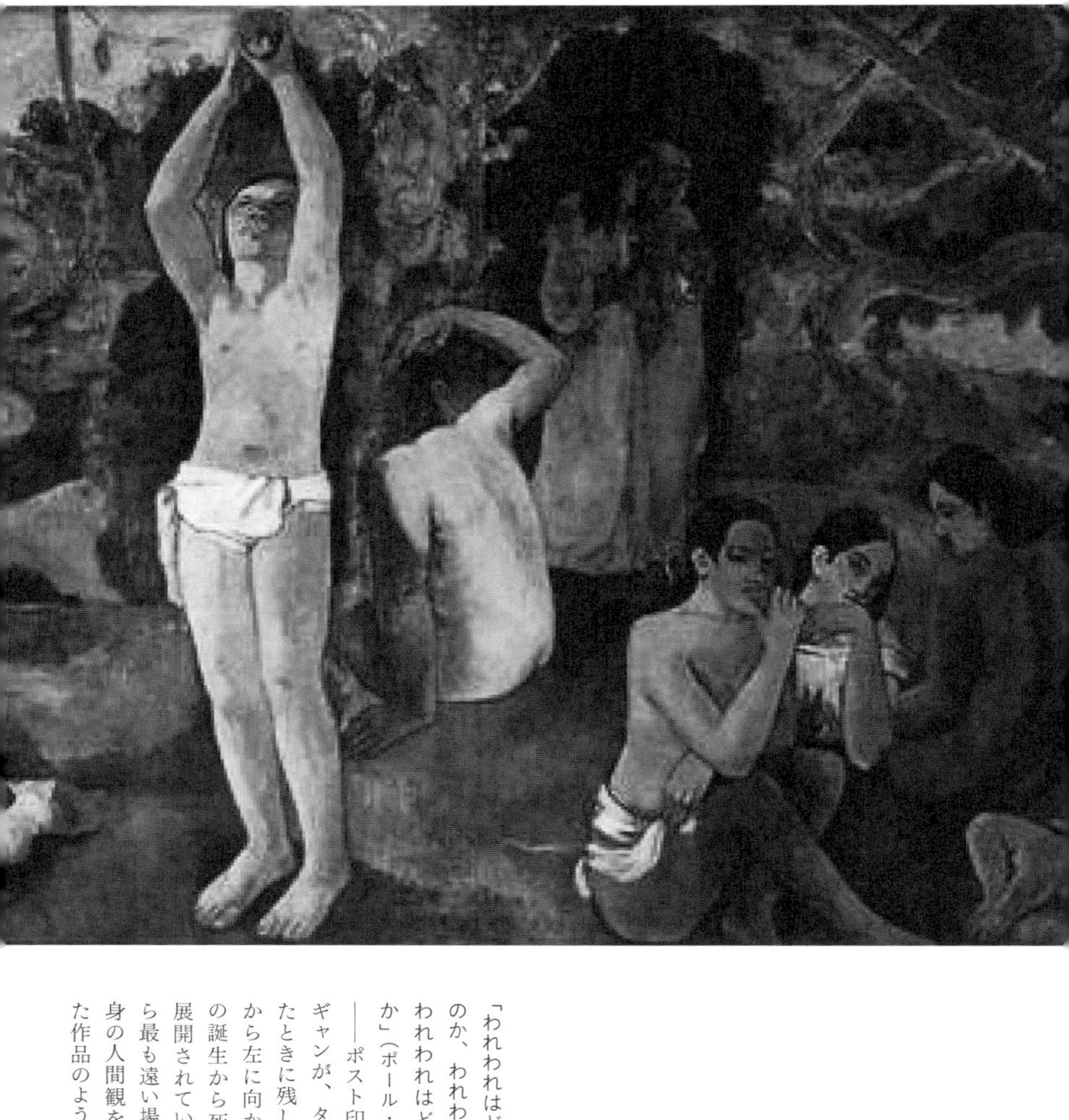

「われわれはどこから来たのか、われわれは何者か、われわれはどこへ行くのか」（ポール・ゴーギャン）
――ポスト印象派のゴーギャンが、タヒチを訪れたときに残した傑作。右から左に向かって、人間の誕生から死への歩みが展開されている。西洋から最も遠い場所で、彼自身の人間観を世に提起した作品のように思える。

改めて問う、なぜ「自分モード」からはじめるのか？

「時代の変化スピードが早い。いつまでも同じではダメだ。自分を変え続けろ！」

「過去の延長線上では戦えない。いま求められているのは、未来を見通す力だ！」

ひと昔前までは、そうした論調をよく目にしたように思う。あるいは、似たような主張はいまも再生産されているのかもしれない。

しかし、いまや大半の人々は気づいてしまった。VUCAな世界、つまり、Volatility（変動）、Uncertainty（不確実）、Complexity（複雑）、Ambiguity（曖昧）が渦巻く現代では、「時代に合わせて変化する」とか「将来的な変動を予測する」とかいったアクション自体に、もはや意味を見出せなくなりつつあることを——。

変化のスピードや幅がここまで大きくなってしまうと、それに対して〝大真面目に〟反応し続けるのには無理がある。そういう意味では、これからの時代に本当に必要なのは、むしろ変化にあまりとらわれず、これを「受け流す」力ではないかと思う。

人間を含めたすべての生物は、「ホメオスタシス（恒常性）」を基本メカニズムとして持っており、なるべく現状を維持しようとするようにできている。個体レベルで見れば、絶えず変化にさらされる状態は、ストレス以外の何ものでもないのだ。だからこそ、現代では「自分を変化させろ！」「変化を見通せ！」といった自己啓発的なシュプレヒコールが、もう人々の心を揺さぶらなくなってしまった。こうした「ドグマ」に対し、誰もがある種の〝しらけ〟を感じてしまっているのだ。

とはいえ、その現状を放置できるかというと、そういうわけにもいかない。世界には解決すべき問題がまだ無数にあり、「もう1ミリも変化しなくていい！」などと言えるにはほど遠い状態だ。それに、変わることをやめれば、それは成長に伴う充実や満足、ワクワク感なども同時に手放すことになる。「停滞感」や「閉塞感」に満たされた日常に、人がどこまで耐えられるかは甚だ疑問だ。

だとすれば、僕たちはいったいどうすればいいのだろうか？

「昨日までの延長線上でコツコツと真面目にがんばる」だけではなく、「変化し続ける世界に合わせてガムシャラに走り回る」わけでもなく、

それでも「個人が満足や成長を味わう」ためには、

どんな考え方・生き方が望ましいのだろうか――。

ここまで語ってきた4つのステップからなる「ビジョン思考」は、この問いに対する僕なりの答えだ。

「直線的な成長」が可能だったシンプルな世界では、限られた時間のなかで生産性を高め、自ら定めたゴールに向かっていけばよかった。

一方、デジタルネットワークでつながった複雑な知識社会では、このようなアプローチが有効な場面はもはやほとんどない。社会そのものの変化スピードは上がったのに対し、個別のアクションが具体的な結果を引き起こすまでの期間はむしろ伸びている。それに、思ったとおりの結果が出るかどうかも、どこまでも不確実だ。

このあやふやな世界では、トライ&エラーのサイクルを短くしつつ、そのイタレーション（反復）を長期にわたって継続するという戦略が最も頼りになる。おそらく結果が出てくるまでは、長きにわたる停滞期が待っているだろう。ただし、そこをくぐり抜けるまで耐え続けた者には、爆発的な成長という恩恵が与えられるのが、いまの時代なのだ。

いまや世界の時価総額ランキング上位に君臨するあのアマゾンですら、初めて黒字転換したのは創業から10年後のことだった。それまでの長きにわたって、アマゾンも手を動かしながら考える雌伏の時を過ごしてきたのである。アマゾンの売上は、まさにこの図のような等比級数的カーブを描いたと言われている。

他方、個人が長期的な取り組みを継続するためには、本人の内側から湧き出てきた「妄想（ビジョン）」を駆動力にするのがいちばんだ。

僕自身、数々のイノベーションに関わるなかでわかったのは、成功するプロジェクトとそうでないプロジェクトの違いは、そこに「妄想」を持った人がいるかどうかでしかないということだ。目の前の世界はどんどんと移り変わっていくし、短期的には失敗や障害も出てくるだろう。その長い失望の期間に耐え得るのは、あなたの内面から掘り起こした「好き」や「関心」をおいてほかにない。「自分モード」こそが、目の前の変化の波に流されないための「錨」になってくれるのだ。

これは起業家やイノベーターが抱くような

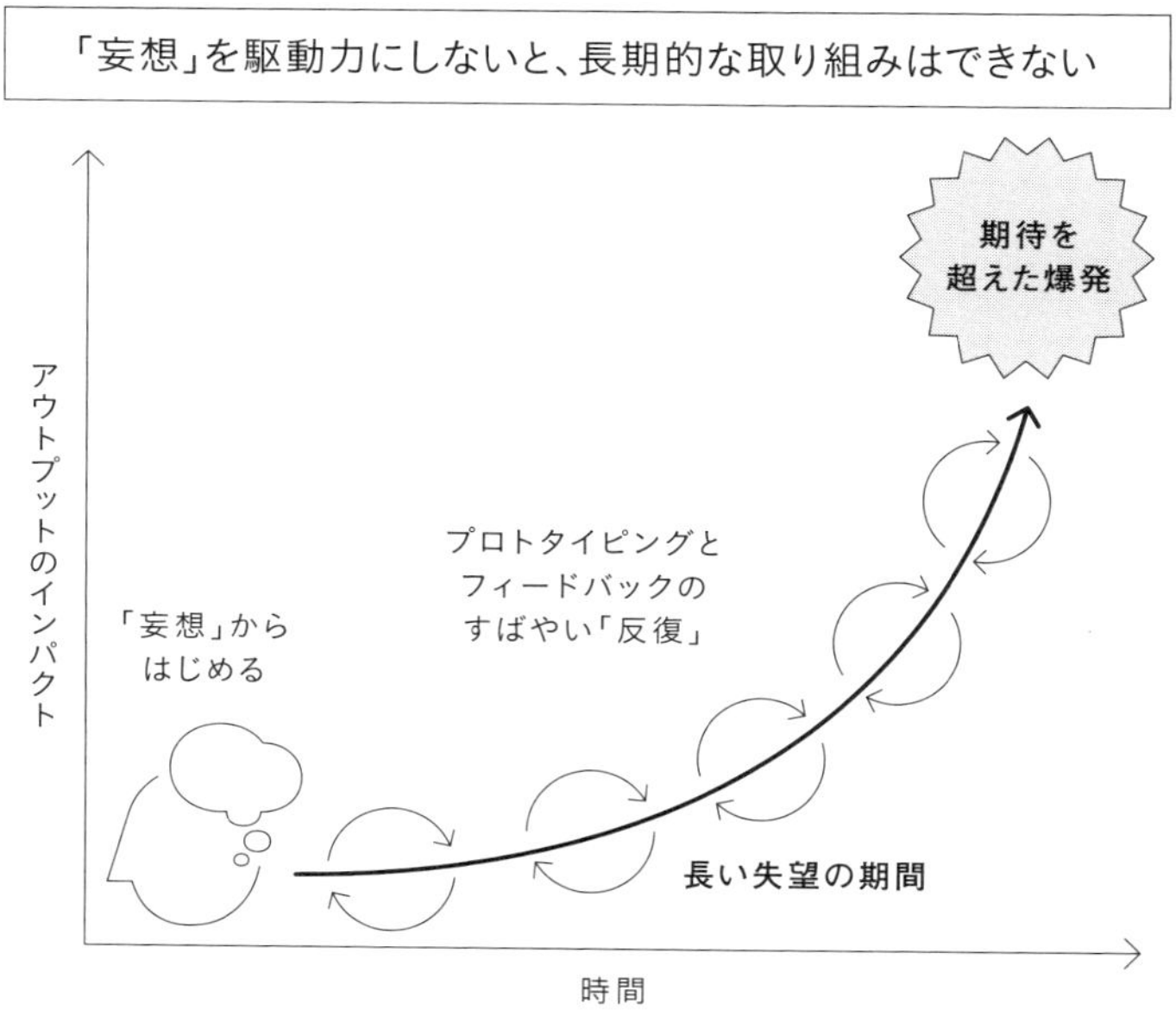

図6-1: ビジョン思考が描く特徴的なカーブ

「事業ビジョン」のことだけに限らない。それぞれの人・組織が持つ「こうだったらいいのにな……」という理想を「錨」にする生き方は、今後の社会において、より一層の重要度を持つはずだ。

クリエイティブな習慣が身につくと、たとえば「ブランド品を買って満足する」というような大量消費にも興味が向かなくなるだろう。人は何かを生み出しているとき、まさにその行為自体から幸福感を得ることができるからだ。

将来、ＡＩやロボティクスがインフラとなり、人間の活動の一部を代替する時代が来るのだとすれば、自分自身のビジョンを具現化し、自分自身を充足させられる力は、決定的な強みになるように思う。また、そうした力や習慣を持つ人を増やすことこそが、社会全体の幸せを実現するうえでも必要になるのではないだろうか？

短期的な成果を期待して駆けずり回る「他人モード」を続けていては、めまぐるしい変化に振り回され、いつかは疲れ切ってしまうだろう。「自分モード」のスイッチをオンにしておきながら、背中を押してくれる「大波」を待つ——そんな心がまえでいるほうが毎日楽しいし、結果的にどこかで「期待を超えた爆発」にめぐり合える可能性は高くなるだろう。

アーティストの成長に見る「妄想を具体化する技術」の磨き方

　ここまで僕は「〝自分だけの妄想〟が持つ価値」を強調してきた。僕たちは「自分モード」で考えることを忘れかけている。だからこそ、「他人の視点」や「市場からの評価」をいったん脇に置いて、「あえて〝独りよがり〟に思考する訓練」が必要なのだと訴えてきた。過去を振り返ってみても、真に創造的なアイデアやイノベーションといったものは、いつもビジョン駆動型の思考から生まれてきたという経緯がある。

　他方で、逆説的なことに、「自分だけのオリジナルな妄想」を突き詰めてそれを発信するほど、結果として「自分と似たような妄想を持っている人」に出会うという面があるのも事実だ。たとえ別々の個人であっても、妄想を見事に手なずけて、そこから駆動力を引き出している人同士のあいだでは、それぞれの妄想には「共通した要素」が見られるようになるのである。

　妄想を駆動力にして思い思いに行動していた人たちが、やがて「社会」と接点を持つようになると、ますますそうした「出会い」は起こりやすくなる。興味深いのは、ビジョン・ドリブンで動いている人ほど、「同じビジョンを持つ人と一緒に何かを成し遂げたい」と考え、マーケットを見て動いている人ほど、「差別化を図って競合を出し抜きたい」と考えるという点だ。

東京大学の岡田猛氏によれば、アーティストの創作活動を支える「創作ビジョン」についても似たような成長過程が見られるという。[1] 創作ビジョンとは、アーティストが創作人生のなかで出会う根源的なテーマのようなものだが、本人が熟達していく過程で、明確化するとともに変化していく。

その過程には3つのステージがある。まず、駆け出し期のアーティストは、「他者」を拠りどころにした「創作ビジョン」を持つ傾向がある。既存の価値観をなぞったり、逆に、同時代のアーティストとの差別化を意識したりした創作活動がその典型だろう。その次に来る「自己」を拠りどころにするステージでは、自己の内面や問題意識を徹底的に振り返りながら、「自分だけの表現スタイル」を確立するべく模索が繰り広げられる。

しかし、熟達の最終段階に入り、自分の創作ビジョンを明確に意識できるようになったアーティストは、かえって「自己流」のスタイルにとらわれなくなり、「他者と自己の調和」を求めるようになるという。自分のビジョンに沿った多様な作品を生み出すかたわらで、他者との関連性を考慮し、表現の幅をさまざまに広げていくのである。

これは、日本の伝統的な芸事の世界でよく言われる「守破離」とも近い考え方だろう。まず既存のやり方に合わせる段階があり(守)、次にそこから意識的に距離をとって自己流をつくり(破)、最後にその両者からハイブリッドの道を構築する（離）という流れだ。

妄想を「社会の文脈」から問い直してみる――真・善・美

ビジョン思考における「妄想（ビジョン）」にも、このような守破離の側面がある。「内発的な関心」にフォーカスし、どこまでもオリジナルなビジョンを突き詰めたとしても、その思考は往々にして「社会的な問題解決」のような大きな流れへと接続していくのである。

最近の世界的潮流として、アートや哲学、美学、社会学、歴史学などのリベラルアーツに焦点があたっているのにも、こうした背景が考えられる。現代においては、以前のようなテクノロジーイノベーションに対する楽観主義は鳴りを潜めている。

「テクノロジーとスタートアップの祭典」として有名なアメリカのSXSW（サウスバイサウスウエスト）でも、テクノロジーが人間社会に与える悪影響が考慮され、そのためにも人間そのものをより深く理解するべきだという主張が唱えられるようになった。また、僕が教鞭をとっている至善館という大学院では、22世紀のリーダーを育てることを目指し、次なる社会の理想像を描くために、西洋哲学、宗教学、社会学、東洋哲学のようなリベラルアーツと、構想する力としてのデザイン思考とを両立させたMBAコースが用意されている。

本章の扉に掲げたゴーギャンの絵画のタイトルは、いまや現代を生きる僕たち一人ひとりに突きつけられている。「われわれはどこから来たのか、われわれは何者か、われわれはどこへ行くのか（D'où venons-nous? Que sommes-nous? Où allons-nous?）」——そういう価値観が一人ひとりに問われる時代になってきているのだ。

こうした文脈のなかで、ハーバード大学の発達心理学者ハワード・ガードナーは、自分たちの営みの「目的」を改めて内省するべきだと語っている。そこで彼が提案しているのが「真・善・美」という価値基準をビジネス・教育に取り入れていくことだ。ものすごいスピードでテクノロジーが進化する時代だからこそ、「何のためにテクノロジーを活用するのか？」という価値観をしっかりと持った人材を育てるべきだというわけだ。[2]「真・善・美」と言えば、古くはイデア論を展開したプラトンにはじまり、主に哲学・思想の分野で受け継がれてきた概念であるが、ガードナーはこれを実務家に必須の教養だと訴えている。

「哲学＝専門家しか入れない世界」というイメージは強いが、いまは、それを僕ら一人ひとりが自分事化するための方法が必要になっていると思う。そこで、自分のビジョンをより大きな器に育てていくために、「真・善・美」の観点から、いくつかの問いを設定してみるのはどうだろう。

たとえば「真」——。デジタル技術の発展により、「リアルな世界」の外側に、広大で多様な「バーチャルな世界」が生まれている。また、「トランプ現象」以降、客観的な事実よりも、感情的な訴えが社会を動かすという「ポスト・トゥルースの時代」がはじまったとも言われている。だとすると、もはや「絶対的に正しい」ものは存在しないのだろうか？　あなたの妄想（ビジョン）にとって、正しい（真である）と言えるものがあるとすれば、それは何に依拠すればいいのだろうか？

たとえば「善」——。あなたのビジョンはどんな社会をつくるためのものか？　どんな人が幸せになる姿を思い浮かべているか？　あなたのビジョンを「よい」と感じない人、あなたのビジョンに反対する人がいるとすれ

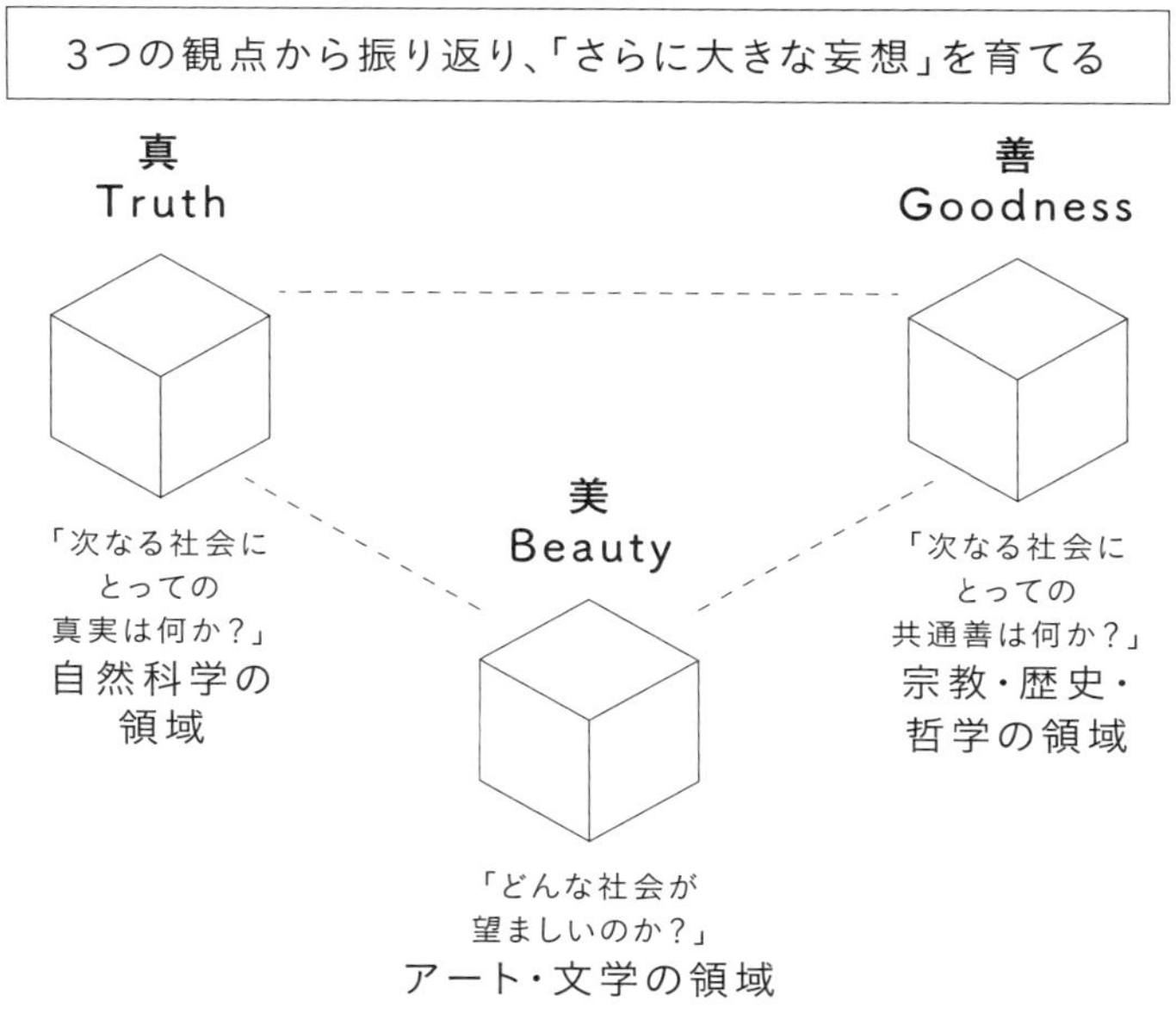
3つの観点から振り返り、「さらに大きな妄想」を育てる
真
Truth
「次なる社会にとっての真実は何か？」
自然科学の領域
善
Goodness
「次なる社会にとっての共通善は何か？」
宗教・歴史・哲学の領域
美
Beauty
「どんな社会が望ましいのか？」
アート・文学の領域

図6-2: ガードナーが提唱する「真・善・美」

ば、それはどんな人だろうか？　あなたの妄想をどう変えれば、より多くの人が協働できるようになるだろうか？　あなたのビジョンが、今後の社会にとって「共通目的」として意識されるには何が必要か？

たとえば「美」――。あなたにとって「美しいもの」とは？　逆に、あなたにとって「不快なもの」「美しくないと思うもの」にはどんな共通点があるか？　あなたのビジョンに人々が「魅力」を感じるとすれば、それはどのような点だろうか？

このような問いを通じて自らのビジョンを研ぎ澄まし、世の中に訴えかけていくと、当初は「ただの妄想」だったものも、いつしか「社会問題の解決」も含めた理念へとつながっていく。

そのような理念の典型として考えられるものに、たとえば「ＳＤＧｓ（Sustainable Development Goals：持続可能な開発目標）」がある。ＳＤＧｓとは、２０１５年の国連サミットで採択された国際目標で、２０３０年までに17の分野で１６９の目標を達成することを謳っている。

もし、公共的な課題を最初から「自分事」だと感じられる人がいるとすれば、それはたしかにすばらしいことだ。しかし、個々の人・組織にとって重要なのは、ＳＤＧｓのような社会課題を、いきなり自分のゴールに定めないことではないかと思う。純粋な慈善の心だけで、こうした巨大な課題に立ち向かい続けられる人はごくひと握りで、たいていはあまり長続きしないだろう。

なかなか終わりが見えないプロセスの途上で諦めることなく、長期的に課題解決に取り組むためには、「公共心」以前のものが欠かせない。個人にはどうしようもない大きな課題ほど、「個人の内面から湧き出る得体の知れない妄想・直感」からスタートすることが必要なのだ。自分自身のビジョンを具体化したうえで、それをより大きなゴールへと「接続」していく――。

SDGsを参照するまでもなく、世界には大きな課題がまだいくらでもある。予期せぬ大きな問題がさらに噴出してくることもあるだろう。たとえそうなのだとしても、これからの世界で大切なのは、いきなり「世界を救う」「人を助ける」という場所からスタートするのではなく、まずは自分自身の「妄想」に対して正直になることだと思う。そこからさらに、それを実現する仲間を見つけていくときの「旗印」として、SDGsは機能するだろう。

その意味で、ビジョン思考こそが、「本当に社会を変えたい人のための思考法」なのだと僕は信じている。

図6-3: SDGs（持続可能な開発目標）とは？

NOTE

(1) 岡田猛・横地早和子・難波久美子・石橋健太郎・植田一博「現代美術の創作における「ずらし」のプロセスと創作ビジョン」『認知科学』2007年14巻3号303～321頁

(2) Gardner, H. (2011). *Truth, Beauty, and Goodness Reframed: Educating for the Virtues in the Age of Truthiness and Twitter.* Basic Books.

おわりに

夢が無形資産を動かす時代

――Business, Education, and Life

「最近、大人から『希望に溢れた物語』を聞くことがなくなったと思う。でも、僕は信じているんです。夢を語れば、無形資産が集まる。無形資産が集まれば、有形資産が動く、と」

これは元サッカー日本代表監督の岡田武史さんの言葉だ。岡田さんは、ビジョン駆動型の思考の体現者として、僕が最も影響を受けた人物である。現在、彼は「経営者」としてFC今治というサッカークラブを運営し、日本人流のサッカーメソッド、岡田メソッドを日本中に広げるために、今治に新たな産業をつくるという大きなビジョンを掲げている。

僕は会社を創業してから2年経ったころに、彼と出会った。デザインをビジネスや経営の現場に広げていく仕事をしていくなかで、クライアントや社会に必要とされることを意識するようになり、無意識に誰かに喜んでもらうために相手の答えに合わせにいっていた当時の僕にとって、岡田さんの言葉は深く刺さった。

ちょうど、自分の娘が生まれ、この子に何を自分はできるのかということを考えはじめたころでもあった。ＢＩＯＴＯＰＥでは、企業の長期ビジョン、２０３０年の未来像をつくる手伝いをすることがある。そのときに否が応にも意識するのは、この長期ビジョンをつくる仕事では、自分の娘や息子世代に何を残すかという自分の覚悟が問われているということだ。そして、それから僕は、誰にどう思われようが、自分の夢を語るようにしようと決めた。たとえ、誰からも理解されなかったとしても。

この本は、ビジネスの現場でさまざまな企業の未来をつくりながら、いま自分がいちばん表現したかったことをかたちにした、僕にとってのビジョン・ドリブンな生き方を体現しようと思って書いた本だ。京都造形芸術大学の公開講座というアートキャンバスが用意されたことでプログラムが生まれ、そのフィードバックに勇気をいただき、自分のビジョンを世に問いかけたいと思ってつくったアート作品のようなものだとも言える。

いま、僕らは時代の大きな転換期の真っ只中に生きている。戦後の日本をつくってきたアメリカ流のやり方は世界のあたりまえではなくなっていく。そして、ＡＩをはじめとした技術の進展により、僕らがいままで仕事と考えていたことは仕事でなくなるだろう。そんななか僕らは何をつくっていったらいいのだろうか。何を残したらいいのだろうか。

僕が描いているのは、人が自分の妄想をかたちにしようとする生き方があたりまえとなる未来、人類が自己充足して生きていける社会だ。インターネットやAIが多くの人にとって効率的なインフラとなったいま、僕らは生き甲斐を感じるのが難しくなっている。だからこそ、そのうえで、あまり資源を使わずに自分らしさを表現し、自己効力感を得られるデザイン、アート、工作、農業、料理、スポーツなどの文化的な営みが大事になる。ブランドの服を買ったり、パッケージ化されたプロダクトを購入するのは、資源を使う楽しみ方だ。持続可能にはならない。しかし、自己表現となり得るものは、資源を使わないエコな取り組みでありつつ、生きる意義を再生産、拡大していける営みだ。

では、このようなビジョンに対して、僕はどのようにアプローチしていこうとしているか。BIOTOPEという会社は、企業のイノベーション支援や戦略デザインコンサルティングを通じて、企業の現場にビジョン・ドリブンな人を増やし、時代を越えて意義をつくり続けるビジョン・ドリブンな会社を日本に少しでも多く残していきたいという想いで運営されている。ビジネス界における経営という、社会における影響力の大きい場でビジョン・ドリブンな考え方があたりまえとなれば、キャリア、教育などの分野にもその考え方を波及させることができるのではないかと考えている。しかし、変化のテコはそれだけではない。

この本は「ビジョン・ドリブン」という生き方の概念を投げかけた。そして、その次章は、さまざまな場での実践だ。ビジネスの現場でビジョン・ドリブンなイノベーションを起こしていくことは当然だが、それを別の領域にも波及させていくことが重要だと思っている。その切り口は、2つ。1つは教育現場、そして、もう1つが個人のライフデザインの現場だ。

まず教育。ビジネスと教育というと一見違う世界に見えるが、実際には企業現場でバリバリやっている30～40代の多くは同時に家庭における教育者でもある。ビジネス現場での働き方の変化は、そのまま家庭での子どもとの接し方の変化につながる。2020年の学習指導要領の変更により、21世紀型スキルと呼ばれる自分で考える力を養うようなカリキュラムが導入されることになっている。それに合わせて、教育の現場でもアートやデザインの考え方を取り入れて、自分で問題を考えて、かたちにしながら解決していくような取り組みが行われはじめている。学校の現場で活用していく余地は大いにあるが、その前段として大事なのは、教育を先生に任せっきりにするモデルを脱し、家庭での実践にも重きを置くことだ。子どもは、もともと想像力と創造力を持って生まれるビジョン・ドリブンな存在だ。その力を殺してしまうのは、大人である僕たちだ。大人たちが仕事で変わり、家庭で変わることで、子どもたちも変わっていくだろう。この本を読んだビジネスパーソンが、夫婦で子どもと一緒にエクササイズをやってみるようなかたちで、自然に日常の家庭に取り入れてくれたら、これ以上の喜びはない。

そして、もう1つの分野が生き方のデザインだ。人生100年時代というスローガンが聞かれるようになったが、いまの時代、60歳の定年まで同じ会社で働く人は少なくなっていく。どこかで必ず自分なりの「獣道」を歩くのがあたりまえになってくる世の中だ。自分で自分のキャリアをつくっていかないといけない時代に必要なのは、自らの「北極星」を決めて不確実な道を歩いていくライフスキルだ。この本は、まさしくこれからその獣道を歩いていこうとする人にとってのヒントになると思う。

これからは、インターネットでお客さんとつながれるし、つくることも、販売することすらも自分でできるようになる小商いの時代だ。好きなことを長く続けていたら、気づいたら時代の大波が追いついて一気に自分のマーケットをつくれる時代になってくる。初めから「人生芸術の山脈」をつくるキャリアを歩むのは難しくても、自分の「ビジョンのアトリエ」を持つ生き方は、これからの就職活動、転職活動、そして再就職などの人生の転機を迎えている人にとっても地図となってくれるのではないかと思う。

この本がきっかけとなり、ビジネス、教育、そしてライフデザインという3つの世界で、この考え方に共感してもらえる方と出会い、そして、一緒にその考え方を社会で実践し、広げていけたらそれ以上の喜びはない。この本はそこからがスタートだ。

この本の内容は、京都造形芸術大学で実施された「妄想を具現化する技法」という合計10時間

（2時間×5回）のワークショップ型講義をもとにしている。すでに連続的なプログラムも用意されており、実行のためのいろいろな場やファシリテーターを育成するプログラムもつくっていきたい。プログラムの詳細は、以下のリンクを見てほしい。

https://www.slideshare.net/sasokunitake/vision-driven-workshop-131413706

また、ビジョン・ドリブンのnoteを開設し、今後の活動や新たな動きについてアップデートしていく予定だ。こちらもぜひ併せて見てほしい。

最後に、二人三脚で一緒にこの本を共創してきた、ダイヤモンド社の藤田悠さん、京都造形芸術大学でのプログラム「ビジョンを具現化する技法」という「キャンバス」をつくってくれた本間正人先生、早川克美先生、プログラムづくりを手伝ってくれた高木康介くん、生徒のみなさんに心から感謝の意を表したい。

また、僕の妄想の世界を絵にしてくれたＢＩＯＴＯＰＥの松浦桃子さん、推敲の過程で助けてくれた金安塁生くん、二ノ宮将吾くん、土屋亘くん、坂間菜未乃さん、多くのインスピレーションをいただいた市川力さん、山本興毅さん、森清成さん、本当にありがとう。

さらに、本書のオビに推薦文をいただいたお二人、自分の人生を考えるきっかけをいただいた岡田武史さんと、つねに経営学とイノベーションデザインの世界のフロンティアを一緒に探求していただいている入山章栄先生にも感謝の意を伝えたい。

そして、つねに支援をしてくれる家族、さつき、真優、そして、この本とともに生まれた邦紀には感謝してもしきれない。

平成最後の正月に、次の時代を生きるあなたのために

佐宗　邦威

［著者］
佐宗邦威（さそう・くにたけ）
株式会社BIOTOPE代表／チーフ・ストラテジック・デザイナー
大学院大学至善館准教授／京都造形芸術大学創造学習センター客員教授
東京大学法学部卒業、イリノイ工科大学デザイン研究科（Master of Design Methods）修了。

P&Gマーケティング部で「ファブリーズ」「レノア」などのヒット商品を担当後、「ジレット」のブランドマネージャーを務める。その後、ソニーに入社。同クリエイティブセンターにて全社の新規事業創出プログラム立ち上げなどに携わる。

ソニー退社後、戦略デザインファーム「BIOTOPE」を起業。BtoC消費財のブランドデザインやハイテクR&Dのコンセプトデザイン、サービスデザインプロジェクトが得意領域。山本山、ぺんてる、NHKエデュケーショナル、クックパッド、NTTドコモ、東急電鉄、日本サッカー協会、ALEなど、バラエティ豊かな企業・組織のイノベーション支援を行っており、個人のビジョンを駆動力にした創造の方法論にも詳しい。

著書に『21世紀のビジネスにデザイン思考が必要な理由』（クロスメディア・パブリッシング）がある。

▶株式会社BIOTOPE　https://biotope.co.jp/
▶Twitter　@sasokunitake

直感と論理をつなぐ思考法——VISION DRIVEN

2019年3月6日　第1刷発行
2024年4月16日　第7刷発行

著　者——佐宗邦威
発行所——ダイヤモンド社
〒150-8409　東京都渋谷区神宮前6-12-17
https://www.diamond.co.jp/
電話／03·5778·7233（編集）　03·5778·7240（販売）

ブックデザイン—三森健太［JUNGLE］
本文イラスト—松浦桃子［BIOTOPE］
DTP ———ニッタプリントサービス
製作進行——ダイヤモンド・グラフィック社
印刷————八光印刷（本文）・新藤慶昌堂（カバー）
製本————ブックアート
編集担当——藤田 悠（y-fujita@diamond.co.jp）

ISBN 978-4-478-10285-5